C.H.BECK WISSEN

Edouard Manet (1832–1883) war als unabhängiger Ausstellungskünstler wegweisend für viele Maler seiner Zeit. Er scheute nicht die Provokation des Publikums, das er immer fest im Blick hatte. Als politisch wacher Zeitgenosse schreckte er in seinen Bildern auch nicht vor offener Kritik an Napoléon III. zurück. Oskar Bätschmann gibt in diesem Band einen souveränen Überblick über die Entwicklung von Manets Werk und die Themen, die den Künstler beschäftigten. Dabei zeigt er, wie Manet eine neue Malweise schuf, die dem modernen Leben und der Großstadt Paris gerecht zu werden suchte.

Oskar Bätschmann ist Research Professor am Schweizerischen Institut für Kunstwissenschaft in Zürich und em. Professor für Kunstgeschichte der Neuzeit und der Moderne an der Universität Bern. Bei C.H.Beck sind von ihm erschienen: *Giovanni Bellini. Meister der venezianischen Malerei* (2008) und *Hans Holbein d.J.* (2010).

Oskar Bätschmann

EDOUARD MANET

Verlag C.H.Beck

Mit 49 Abbildungen, davon 12 in Farbe

Originalausgabe

Satz: Fotosatz Amann, Memmingen
Druck und Bindung: Druckerei C.H.Beck, Nördlingen
Umschlaggestaltung: Uwe Göbel, München
Umschlagabbildung: Edouard Manet, Selbstporträt mit Palette (Ausschnitt), 1879, Öl/Lw., 83 x 67 cm, Privatsammlung, Foto: © Christie's Images/Bridgeman Images
Printed in Germany
ISBN 978 3 406 67712 0

www.beck.de

Inhalt

I. Zur See: Kindheit und Jugend

Edouard Manet wurde am 23. Januar 1832 als erster Sohn des hohen Justizbeamten Auguste Manet (1797–1862) und seiner Frau Eugénie-Désirée Fournier (1812–1885) geboren. Sein Geburtshaus lag in der Rue des Petits-Augustins Nr. 5 in Paris. Nach dem Staatsstreich von Charles Louis Napoléon Bonaparte wurde die Straße 1852 umbenannt in Rue Bonaparte. Am Toreingang zu dem Haus ist heute eine Gedenktafel für den berühmten Maler angebracht (Abb. 1). Ein Jahr nach Edouard kam sein Bruder Eugène (1833–1892) zur Welt, zwei Jahre danach folgte als jüngstes Kind Gustave (1835–1884). Mit sechs Jahren wurde Edouard in die Internatsschule von Abbé Poiloup im Quartier Vaugirard gegeben, und 1844 wechselte er in das Collège Rollin, das heutige Collège-Lycée Jacques-Decour im 9. Arrondissement von Paris. Die Familie Manet war in der Zwischenzeit auf das rechte Seine-Ufer gezogen, in die Rue du Mont Thabor zwischen der Rue de Rivoli und der Rue Saint-Honoré. Im Collège Rollin blieb Edouard Manet bis 1848, zeigte aber wenig Interesse für die klassischen Sprachen und mehr Neigung zur Kunst. Mit seinem Mitschüler Antonin Proust (1832–1905), der zu einem lebenslangen Freund wurde und später auch wichtige Erinnerungen an ihn publizierte, besuchte Manet oft den Louvre, und er bewies im Zeichnen mehr Talent als in den übrigen Fächern (Proust 1917, S. 5).

1848 wurden die beiden sechzehnjährigen Jungen Zeugen des Juni-Aufstands der Arbeiter in Paris. Im Februar dieses Jahres hatten Bürger und Arbeiter revoltiert, die Juli-Monarchie mitsamt dem König Louis-Philippe hinweggefegt und die Zweite Republik ausgerufen. Diese Februar-Revolution löste im März 1848 revolutionäre Aufstände im Habsburgerreich, in Deutschland und in Italien aus. In Frankreich gelang es nicht, die einander widerstreitenden Interessen der verschiedenen Gruppen auszugleichen. Am 21. Juni wurde die Auflösung der Nationalwerkstätten beschlossen, die in Paris seit dem Februar etwa hunderttausend Arbeitslose beschäftigt hatten. Der ganze Osten der Stadt, also die Arbeiterquartiere, erhob sich daraufhin gegen die Besitzenden. General Cavaignac, von der Nationalversammlung dazu ermächtigt, schlug in einer dreitägigen Schlacht den Aufstand mit aller Härte nieder. Man zählte Tausende von Toten und über 25 000 Gefangene.

In seinen *Erinnerungen* erzählt Antonin Proust, er und Edouard Manet seien damals seinem älteren Bruder, der in der Nationalgarde diente, auf einer Rekognoszierung in den Faubourg Saint-Antoine gefolgt. Die beiden Jünglinge hätten einige Gewehrschüsse gehört und mitverfolgt, wie der eben getötete Erzbischof von Paris, der zwischen den Gegnern hatte vermitteln wollen, weggetragen wurde (Proust 1917, S. 10 f.). Proust berichtet auch, dass Manet sich am 4. Dezember 1850 mit einigen Kameraden zum Friedhof Montmartre begeben habe, um die Opfer von Louis Napoléon, dem späteren Kaiser Napoléon III., zu sehen. Ein halbes Jahr später nahm Manet erstmals Stellung zu politischen Ereignissen, und er beschäftigte sich zeitlebens immer wieder mit kriegerischen Vorfällen und ihren Folgen.

Manet, der für ein Universitätsstudium nicht ausreichend qualifiziert war, schlug offenbar dem Vater vor, in die Französische Marineschule einzutreten, eine Eliteschule mit Sitz südlich von Brest in der Bretagne. Doch das Vorhaben, mit Blick auf eine Laufbahn als Marineoffizier die militärische Hochschule zu absolvieren, scheiterte schon 1848 bei der Aufnahmeprüfung, wie Proust berichtet (Proust 1917, S. 10); allerdings könnte sich dieser Misserfolg auch erst ein Jahr später ereignet oder sich wiederholt haben. Aus Madeira im Atlantischen Ozean bat Edouard Manet in einem Brief vom 30. Dezember 1848 seinen Vater, ihn für die Examina in Paris einzuschreiben, und am 30. Januar wiederholte er die Bitte (Graber 1941, S. 37, 47). Manet hatte sich im Dezember 1848 auf dem Schulschiff *Havre et Gouadeloupe* eingeschifft und kam im Februar des folgenden Jahres in Rio de Janeiro an. Auf der Reise schrieb er zahlreiche Briefe, vor allem an seine Mutter, in denen er über das Wetter,

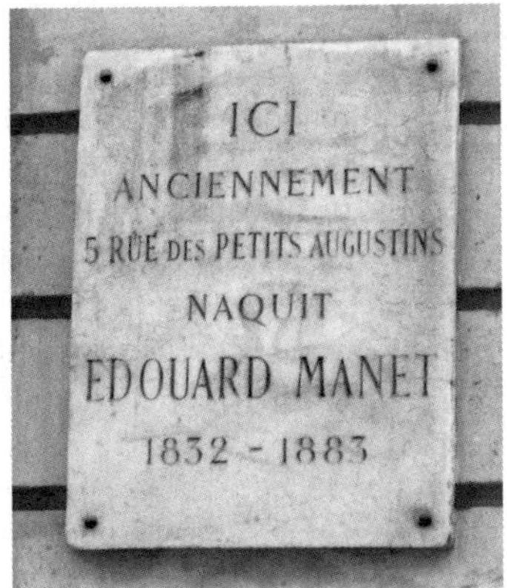

1 Gedenktafel für Edouard Manet am Haus Nr. 5 in der Rue Bonaparte (ehemals Rue des Petits-Augustins) in Paris

das Leben und die Arbeit an Bord, den Fischfang und die schließliche Ankunft in Rio de Janeiro nach zwei Monaten Fahrt berichtete.

Aus Rio schrieb er ziemlich begeistert, dass er seinen Kameraden Zeichenunterricht erteile und auf der Überfahrt von allen Offizieren und Professoren mit großem Erfolg Karikaturen gezeichnet habe, zuletzt sogar vom Schulkommandanten. Am 26. Februar fragte Manet seinen Vetter, den Juristen Jules Dejouy: «Was sagst Du, Du als großer Politiker, zur Ernennung von Louis Napoléon? Geht vor allem nicht so weit, ihn zum Kaiser zu ernennen, das wäre mehr als sonderbar.» (Graber 1941, S. 54) Louis Napoléon (1808–1873), der Neffe von Kaiser Napoléon I., Schweizer Staatsbürger und Artillerieoffizier, war zweimal als Putschist in Frankreich gescheitert, 1836 in Straßburg und 1840 in Boulogne-sur-Mer. Nach der Februar-Revolution 1848 war er aus dem Londoner Exil nach Frankreich zurückgekehrt und hatte im Dezember desselben Jahres die Präsidentschaftswahlen gewonnen. Manet reagierte noch einmal von Rio aus auf die politischen Ereignisse, diesmal in einem Brief an seinen Vater: «Ihr hattet also in Paris wieder Aufregungen. Bemüht euch, uns für unsere Rückkehr eine gute Republik zu erhalten, denn ich fürchte sehr, dass Louis Napoléon nicht sehr republikanisch gesinnt ist.» (Graber 1941, S. 57) Was der junge Manet befürchtete, traf am 2. Dezember 1851 ein: Louis Napoléon organisierte einen Staatsstreich, entschied die dadurch ausgelösten Kämpfe für sich und legte eine neue Verfassung vor, die ihn mit monarchischen Vollmachten ausstattete. Am 2. Dezember 1852 ließ er sich zum Kaiser Frankreichs erheben und nannte sich Napoléon III., Kaiser im Second Empire, dem Zweiten Kaiserreich.

Man kann sich schwer vorstellen, dass die politischen Auffassungen des jungen Manet und seine republikanischen Vorlieben, die auch seine Brüder teilten, mit denen des Vaters übereinstimmten. Doch obwohl Auguste Manet seine Karriere im Justizministerium in der Monarchie unter Louis-Philippe gemacht hatte und sie im Zweiten Kaiserreich als hoher Beamter fortsetzte, war er offenbar ein Anhänger der republikanischen Staatsform. Bereits 1832 war er zum Ritter der Ehrenlegion geworden und stieg in der Hierarchie bis 1857 immer weiter auf. Sicher konnte er sich nicht leicht damit abfinden, dass sein ältester Sohn weder ein Jurastudium absolvieren noch die Laufbahn eines Marineoffiziers einschlagen wollte. Am 13. Juni 1849 landete Manets Schulschiff wieder in Le Havre. Nach seiner Rückkehr und vielleicht auch nach dem zweiten Misserfolg im Examen gaben die Eltern ihren Widerstand schließlich auf und fanden sich mit dem Eintritt ihres Sohnes in das Atelier des bekannten Malers Thomas Couture (1815–1879) ab.

Warum war Edouard Manet mit sechzehn Jahren zur See gegangen? Die Briefe lassen nicht auf Abenteuerlust des Jünglings schließen. Eher geben sie Zeugnis vom Gehorsam eines Sohnes und von dessen Zuneigung vor allem zu seiner Mutter. Gegen Ende der Seereise scheint aber die Abneigung gegenüber einer nautischen Karriere überwogen zu haben. Der junge Schriftsteller Emile Zola (1840–1902) (Taf. 6), ein Jugendfreund von Paul Cézanne (1839–1906), hat 1867 eine poetische Vermutung über die Vorgänge während der Fahrt Manets von Le Havre nach Brasilien und zurück aufgestellt: «Natürlich heuerte Edouard Manet mit siebzehn [sic] Jahren auf einem Schiff an, das nach Rio de Janeiro fuhr. Er verdiente fünfzehn Francs im Monat. Wahrscheinlich heuerte die Große Unreine, die stets nach

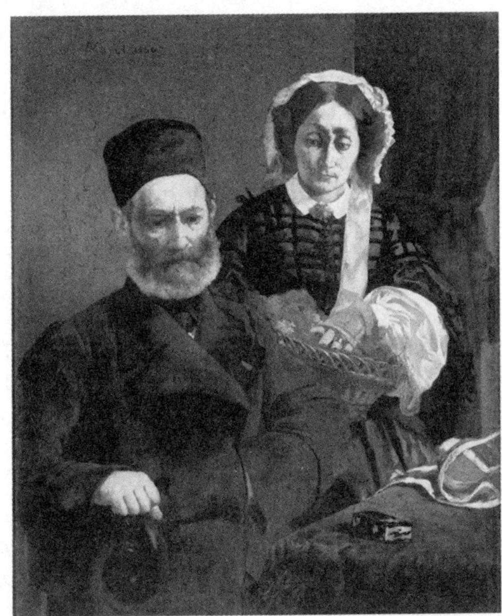

2 Edouard Manet, **Bildnis der Eltern**, 1860, Öl/Lw., 111 x 91 cm, Paris, Musée d'Orsay

frischem Fleisch hungernde Kurtisane, mit ihm an und verführte ihn in den strahlenden Einsamkeiten des Ozeans und des Himmels endgültig.» (Zola 1988, S. 50) Als die «Große Unreine» und unersättliche Kurtisane bezeichnete Zola die Malerei, wie sie seiner Meinung nach vom Bürgertum aufgefasst wurde.

1849 lernte Edouard Manet die junge Holländerin Suzanne Leenhoff (1830–1906) kennen, die Klavierlehrerin seiner Brüder. Sie gebar am 29. Januar 1852 ihren Sohn Léon-Edouard Koëlla, genannt Leenhoff (1852–1927). Einige schreiben die Vaterschaft Edouard zu, andere seinem Vater – die Frage ist bis heute nicht geklärt. Suzanne Leenhoff gab Léon als ihren jüngeren Bruder aus und Edouard Manet als dessen Paten. Am 28. Oktober 1863 werden Edouard und Suzanne schließlich heiraten, Léon wird Suzannes einziges Kind bleiben.

Als Manet seine Ausbildung bei Couture längst abgeschlossen und sich als Künstler selbständig gemacht hatte, malte er 1860 ein Doppelbildnis seiner Eltern (Abb. 2). Unter den zahlreichen Porträts, die Künstler von ihrem Vater oder ihrer Mutter angefertigt haben, ist dieses Bildnis eines der interessantesten und problematischsten. Der Vater Auguste sitzt in einem Stuhl, hat die zur Faust geschlossene rechte Hand auf die Lehne gelegt und die andere Hand in den schwarzen Rock geschoben. Sein Blick geht nach vorn unten, und er scheint weder von seiner Frau noch von seinem malenden Sohn Notiz zu nehmen. Manets Mutter steht hinter ihrem Mann, hält einen Korb mit farbigen Wollknäueln und blickt sorgenvoll auf ihren Mann. Manet reichte das Bildnis seiner Eltern zusammen mit dem Gemälde *Der spanische Sänger* (Abb. 3) für den Salon, die offizielle Kunstausstellung in Paris, von 1861 ein, und beide wurden von der Jury akzeptiert. Es handelte sich um Manets zweiten Versuch, am Salon teilzunehmen. Während der Schriftsteller und Kritiker Théophile Gautier (1811–1872) in dem Gemälde *Der spanische Sänger* das Talent des Malers erkannte, wurden das Bild und vor allem das *Porträt der Eltern* von anderen Kritikern als hässlich empfunden (Hamilton 1986, S. 24–28). Léon Lagrange (1828–1868) schrieb in der *Gazette des Beaux-Arts* über das Porträt: «Welche Geißel der Gesellschaft ist doch ein realistischer Maler. Für ihn gibt es nichts Heiliges [...]. Herr Manet tritt auch die heiligsten Gefühle mit Füßen. M.[onsieur] und Madame M... müssen mehr als einmal den Tag verflucht haben, der einem herzlosen Porträtisten einen Pinsel in die Hand gegeben hat.» (*Gazette des Beaux-Arts*, 3, 1861, Nr. 11, S. 52) Die Verbindung des Befunds der Hässlichkeit mit einer realistischen Malerei wurde seit der Kritik an Gustave Courbet (1819–1877) in den 1850er Jahren reflexartig vollzogen.

Man fragte damals nicht nach den Gründen, warum Manet seinen Vater mit abwesendem Blick und die Mutter mit einem Ausdruck der Sorge dargestellt hatte. Erst 1991 hat Nancy Locke diese Frage gestellt und mit Dokumenten beantworten können (Locke 1991). Im Dezember 1857 hatte Auguste Manet einen Schlaganfall erlitten, von dem er sich nie mehr vollständig erholte. Die Diagnose hieß «congestion cérébrale», «Blutandrang im Gehirn», was offenbar eine beschönigende Umschreibung war. Denn von 1857 an bis zu seinem Tod 1862 litt Auguste

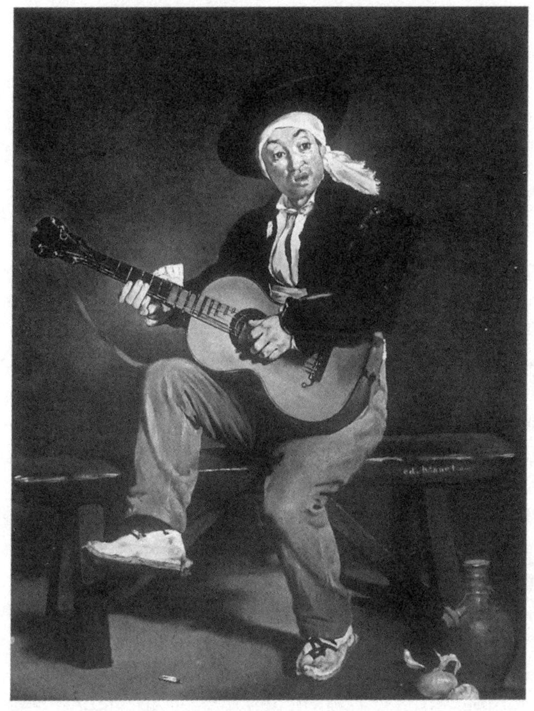

3 Edouard Manet, ***Der spanische Sänger,*** 1860, Öl/Lw., 147 x 114 cm, New York, The Metropolitan Museum of Art

Manet schwer an der Syphilis, die damals in das qualvolle dritte und tödliche Stadium eingetreten war. Edouard Manet sollte einundzwanzig Jahre später unter unsäglichen Schmerzen an der gleichen Krankheit sterben. Wo er sich angesteckt hatte, bleibt unbekannt; in Frage kommen neben Paris alle Hafenstädte, in denen die *Havre et Gouadeloupe* auf der Fahrt von Le Havre nach Rio de Janeiro und zurück angelegt hatte. Théodore Duret (1838–1927), der Manet 1865 in Madrid kennenlernte und seitdem mit ihm befreundet war, datierte bei ihm den Beginn des letzten Stadiums der Syphilis auf das Jahr 1879 und nannte «Auflösung des Nervensystems» als Grund für die zunehmende Immobilität des Malers (Duret 1910, S. 204). Die Diagnose Rückenmarkschwindsucht syphilitischen Ursprungs wurde erst vor Kurzem gestellt (Manet Katalog 2011, S. 271).

Seit seiner Reise nach Südamerika behielt Manet ein Interesse an Schiffen und Seegefechten, wie verschiedene Gemälde der 1860er und 1870er Jahre belegen. In einigen Werken verbindet sich dieses Interesse an der Seefahrt mit der Wahrnehmung von politischen Vorgängen. Doch Manets Darstellungsinteressen gingen weit darüber hinaus. Er malte Porträts von Außenseitern der Gesellschaft, von Schauspielern, Tänzerinnen, Künstlern, von Politikern und Rebellen. Er war fasziniert von der Grausamkeit der Stierkämpfe in Spanien und malte die Arenen, die Toreros, die Stiere und die Zuschauer. Darüber hinaus befasste er sich mit leidenschaftlicher Teilnahmslosigkeit mit gesellschaftlichen Ereignissen und mit dem zeitgenössischen Leben in der Großstadt Paris. Zugleich war Manet ein Maler von außerordentlichen Stillleben, und er schuf eine große Zahl von Radierungen und Lithografien, die zum Teil der Illustration von literarischen Werken dienten. Die Breite und Vielfältigkeit seines Werks, die hier nur angedeutet werden können, werden dokumentiert von verschiedenen Ausstellungskatalogen (zum Beispiel Manet Katalog 1983 und Manet Katalog 2011).

Die mannigfaltigen inhaltlichen Interessen Manets sind schon hier zu betonen, weil die fatale Ansicht, er habe sich gegenüber den Inhalten seiner Gemälde gleichgültig gezeigt, sich bis in die 1950er Jahre halten konnte. Zur Verteidigung Manets hat Zola nämlich 1867 behauptet, das Sujet sei für einen Maler wie ihn nur ein Vorwand: «Die Maler, insbesondere Edouard Manet, der ein analytischer Maler ist, nehmen das Sujet nicht so wichtig, wie die Masse es vorwiegend tut; für sie [die analytischen Maler] ist das Sujet ein Vorwand [prétexte] zum Malen, wohingegen für die Masse allein das Sujet existiert. Daher ist die nackte Frau in *Das Picknick* [*Le Déjeuner sur l'herbe*] gewiss nur da, um dem Künstler Gelegenheit zu geben, ein wenig Fleisch zu malen.» (Zola 1988, S. 66, Zola 1991, S. 159). Diese erstaunliche Verharmlosung wurde ausgerechnet von dem politischen und gesellschaftskritischen Schriftsteller Zola vorgebracht. Es müssen einerseits taktische Gründe gewesen sein, die ihn zu dieser Irreführung des Publikums veranlassten, nämlich das Bestreben, die Angriffe auf Manet abzuwehren. Andererseits muss auch schon früh aufgefallen sein, dass Manets Gemälde sich meist als Produkte einer kühlen Beobachtung präsentieren. Der Maler selbst beschrieb das als «sincérité», als Aufrichtigkeit also, und meinte damit den Ausschluss von Idealisierung und Verschönerung der Realität, die von den zeitgenössischen offiziellen oder akademischen Malern betrieben und von den Jurys des Salons auch erwartet wurden.

Der entschiedene Widerspruch zu Zolas Behauptung wurde von dem jungen Dichter Stéphane Mallarmé (1842–1898) vorgebracht, der Manet 1873 kennenlernte. In seinem Essay «Die Impressionisten und Edouard Manet», der zuerst 1876 in englischer Übersetzung in London erschien, behauptete Mallarmé wie andere auch die Notwendigkeit des Vergessens für einen Künstler. Diesen Vorgang des Löschens und des Neuanfangens beschränkte er aber auf das Auge und die Rezepte der Akademie, denn die Hand sollte ihre eingeübte Geschicklichkeit behalten. Im Anschluss daran versuchte Mallarmé, den von Zola verwendeten Begriff «Manier» vom Genialischen auf die Schöpfung, die Entdeckung und die Erforschung durch den Maler zu lenken, um die Behauptung anzuschließen: «Denn es ist die Wahl des Gegenstandes, durch die der Maler seine [eigene] Manier des Sehens bekanntmacht.» (Mallarmé 1998, S. 309 f.; vgl. auch Bourdieu 2013, S. 259–337)

Trotz Mallarmés Widerspruch hatte die missverständliche Behauptung Zolas von der Gleichgültigkeit des Sujets zur Folge, dass bis in die 1950er Jahre Manets Kunst als bloß virtuose Malerei betrachtet und unterschätzt werden konnte. Erst in den 1970er und 1980er Jahren setzte sich die Erkenntnis durch, dass Manet in vielen seiner Gemälde mit seiner brillanten Malweise auch bedeutende analytische Beobachtungen über die zeitgenössische Gesellschaft, die Geschlechterbeziehungen, das Zweite Kaiserreich und die Dritte Republik vorgebracht hat (Hofmann 1973, Coffin Hanson 1979, Clark 1984, Wilson-Bareau 1986).

2. Malen lernen: Lehrzeit und künstlerische Anfänge

1850 trat Manet in das Atelier von Thomas Couture ein. Dieser hatte Berühmtheit erlangt durch sein Ausstellungsbild *Die Römer der Verfallszeit*, das nach langer Ankündigung im Salon von 1847 gezeigt wurde. Im Livret, dem Katalog des Salons, ließ Couture zwei Verse des römischen Satirendichters Juvenal (um 60 – um 127) abdrucken: «Grausamer als der Krieg hat das Laster Rom überfallen und rächt das besiegte Universum.» 1847 haben Publikum und Kritik sofort verstanden, dass Couture mit seiner Darstellung einer Orgie aus der moralisch verfallenen römischen Kaiserzeit einen Brückenschlag suggerierte zur korrupten Juli-Monarchie, deren von vielen herbeigewünschtes Ende damals schon abzusehen war. Das riesige Gemälde, das von der Juli-Monarchie selbst in Auftrag gegeben worden war, kam 1851 ins Musée du Luxembourg, das Museum für zeitgenössische Kunst in Paris; 1888 wurde es in den Louvre transferiert, und seit 1985 ist es im Musée d'Orsay ausgestellt.

Nach dem Fall der Juli-Monarchie erhielt Couture im Oktober 1848 von der provisorischen Regierung der Zweiten Republik den Auftrag, in einem ebenso großen Format, wie es sein Erfolgsbild aufwies, ein wichtiges Ereignis der Französischen Revolution darzustellen: die Rekrutierung der Kriegsfreiwilligen von 1792 zur Verteidigung des revolutionären Frankreichs gegen die österreichisch-preußische Armee. Man schätzt, dass zwischen dem Juli 1792 und dem Januar 1793 200 000 bis 250 000 Männer dem Aufruf «Das Vaterland in Gefahr» («La patrie en danger») gefolgt sind. Das Gemälde, das Couture mit zahlreichen Studien und kleinen Ölskizzen vorbereitete, war für die Nationalversammlung bestimmt, befindet sich aber heute in unvollendetem Zustand im Museum in Beauvais (Couture Katalog 1979). Auf der großformatigen Leinwand (489 x 925 cm) ziehen halb nackte muskulöse Männer eine schwere vierrädrige Lafette, die mit einer großen Trikolore geschmückt ist, vor einer hohen Tribüne von links nach rechts. Voraus gehen ein Offizier zu Pferd und eine Menge Volks. Auf der Tribüne findet unter der wehenden Fahne mit der Aufschrift «La patrie est en danger» die Rekrutierung der Freiwilligen statt. Rechts stoßen die allegorischen Figuren der Viktoria (des Sieges) und Frankreichs von der Tribüne ab und schweben über der Truppe und den Frauen, die ihre nackten Säuglinge in die Höhe halten, damit sie und die Helden einander ihr Bild einprägen.

Die Darstellung des historischen Ereignisses blieb wegen einer massiven politischen Intervention, einer Zensurmaßnahme, unvollendet. Offenbar erhielt Couture einen Befehl von Victor de Persigny (1808–1872), dem Innenminister des Zweiten Kaiserreichs, der ihn zwang, die Arbeit aufzugeben (Pierre Vaisse in: Couture Katalog 1989, S. 13). Anstelle der unerwünschten Revolutionsdarstellung beauftragte das Kaiserreich Thomas Couture zunächst mit der Ausmalung einer Kapelle in der Pariser Kirche St. Eustache und 1856 mit der Ausführung eines großen Gemäldes, das die Taufe des kaiserlichen Prinzen zeigen sollte, die in der Kathedrale Notre-Dame am 14. Juni desselben Jahres stattgefunden hatte. Diesem Sohn, Napoléon Bonaparte (1856–1879), war die Aufgabe zugedacht, die Dynastie der Bonaparte zu sichern. Couture erhielt noch weitere Aufträge für Gemälde zu den glorreichen zivilen und militärischen Erfolgen von Napoléon III.; sie waren für ein geplantes Museum zum Ruhm des Kaiserreichs vorgesehen, das aber nie zustande kam.

Edouard Manet war bis 1856, also insgesamt sechs Jahre, Schüler im Atelier von Couture. Einer seiner Mitschüler war Anselm Feuerbach (1829–1880) aus Speyer. Dieser war nach Ausbildungen an den Akademien in Düsseldorf, München und Antwerpen im Juni 1851 nach Paris gekommen, um die französische Kunst kennenzulernen und im Louvre Gemälde zu kopieren. Doch der Ruhm des Gemäldes *Die Römer der Verfallszeit* bewog ihn im November 1852 zum Eintritt in Coutures Atelier, wo er bis zum Mai 1853 blieb. Über Couture schrieb Feuerbach rückblickend: «Nicht genug danken kann ich dem

Meister, welcher mich von der deutschen Spitzmalerei zu breiter, pastoser Behandlung, von der akademischen Schablonenkomposition zu großer Anschauung und Auffassung führte. Paris ist der Wendepunkt meines Künstlerlebens, das Fundament meiner künstlerischen Bildung geworden.» (Feuerbach 1911, S. 58–73, Ecker 1991, S. 34–40)

Weniger enthusiastisch beurteilte Manet den Unterricht von Couture, wie Antonin Proust berichtete. Dieser hob bei seinem Freund eher die rebellischen Züge und die eigenmächtigen Handlungen gegenüber Modellen im Atelier hervor. Zudem überliefert er einen verärgerten Ausspruch Manets über den Unterricht bei Couture: «Alles, was wir vor Augen haben, ist lächerlich. Das Licht ist falsch, die Schatten sind falsch. Wenn ich ins Atelier komme, habe ich das Gefühl, als ob ich ein Grabgewölbe betrete.» (Proust 1917, S. 15 f.) Das ist wahrscheinlich ebenso übertrieben wie die Erzählung von Manets rebellischem Verhalten, denn immerhin blieb der angehende Maler sechs Jahre bei Couture. Bereits im Januar 1851 ließ sich Manet als Schüler von Couture ins Register der Kopisten im Louvre eintragen. In allen Kunstschulen galt das Kopieren als vorzügliche Übung für die Schüler. Couture predige immer «Schönheit und Großartigkeit», schrieb Feuerbach, und führe seine Schüler nur vor Werke von Raffael, Tizian und Veronese (Ecker 1991, S. 38). Aber Feuerbach wie Manet wandten sich auch dem berühmten Bild *Die Dantebarke* von Eugène Delacroix (1798–1863) im Musée du Luxembourg zu und kopierten es wie fast alle Malschüler in Paris. Dabei handelten beide gegen das ästhetische Urteil ihres Lehrers, der in seiner 1867 veröffentlichten Schrift *Méthode et entretiens d'atelier* über Delacroix schrieb, dieser sei ein chaotischer Mensch, der alles in sich enthalte und nichts formulieren könne. «Intelligent und ungenügend zugleich, wird ihm durch die Mittelmäßigkeit seines Arbeitens eine falsche Originalität verschafft.» (Couture 1867, S. 194–203)

Manet war offenbar anderer Ansicht als sein Lehrer und schlug Antonin Proust vor, Delacroix einen Besuch abzustatten und ihn um die Erlaubnis zu bitten, sein Werk kopieren zu dür-

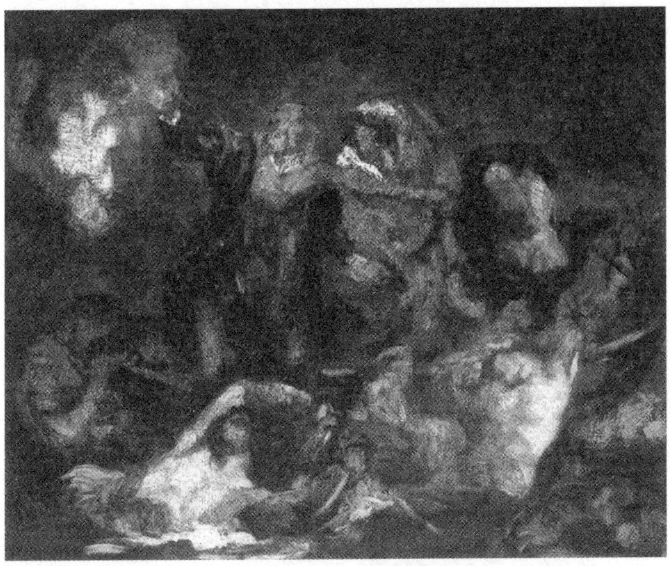

4 Edouard Manet, ***Die Dantebarke nach Delacroix***, 1854/55, Öl/Lw., 33 x 41 cm, New York, The Metropolitan Museum of Art

fen. Man warnte die beiden Freunde vor einem frostigen Empfang durch Delacroix, und entsprechend waren sie überrascht von dessen vollendeter Liebenswürdigkeit. Delacroix riet den beiden Malschülern dringend, sich an Peter Paul Rubens, sein eigenes Vorbild, zu halten und dessen Werke zu kopieren (Proust 1917, S. 21 f.). Auch diesen Rat ignorierte Manet und fertigte von Delacroix' *Dantebarke* zwei verschiedene Kopien. In der einen folgte er der Vorlage ziemlich genau, in der anderen (Abb. 4), die ein etwas kleineres Format aufweist, verfuhr er ziemlich frei und setzte skizzenhaft Farbflecken mit sichtbaren Pinselstrichen (Manet Katalog 1983, Nr. 1, S. 45 f.). Im akademischen Curriculum hatte das Kopieren seinen festen Platz als nützliche und notwendige Übung, aber seit dem Ende des 18. Jahrhunderts hatte sich die Auffassung verbreitet, es gehe nicht um eine kleinliche Nachäffung, sondern darum, in der Kopie zur Idee eines Künstlers aufzusteigen und dessen Gedanken zu folgen. Als Mittel dazu wurde die Skizze für geeignet gehalten. Diese Ansicht vertrat auch Delacroix 1853 in seinem Aufsatz über Nicolas Poussin und 1856 in seinen Aufzeichnungen zu einem geplanten *Dictionnaire* (Delacroix 1988, S. 209–255).

Manets Interesse während seiner Studienzeit bei Couture war keineswegs auf die französische Malerei eingeschränkt. 1852 reiste er erstmals nach Holland und besuchte das Rijksmuseum in Amsterdam. Vermutlich im folgenden Jahr begab er sich nach Deutschland und interessierte sich für die Museen in Kassel, Dresden und München, ferner fuhr er nach Österreich-Ungarn zu einem Besuch in Prag und Wien. 1853 bereiste er mit seinem Bruder Eugène Italien von Venedig nach Florenz und kam vielleicht bis Rom. In Florenz studierte Manet Gemälde des 15. und 16. Jahrhunderts und machte zahlreiche Zeichnungen (Leiris 1969, Nr. 2–59). In den Uffizien in Florenz kopierte er das Gemälde *Die Venus von Urbino* von Tizian. Nachdem Manet das Atelier Couture verlassen und in der Rue Lavoisier eine eigene Werkstatt bezogen hatte, unternahm er im November und Dezember 1857 in Begleitung des Bildhauers Eugène Brunet (1828–1921) eine weitere Reise nach Florenz und kopierte Fresken von Andrea del Sarto im Atrium der Kirche SS. Annunziata.

Zum Interesse an den Malern des Nordens und an der italienischen Malerei der Renaissance kam im Lauf der 1850er Jahre die Faszination durch die spanische Malerei hinzu. Schon in der Juli-Monarchie hatte die spanische Kunst ein beträchtliches Interesse auf sich gezogen, als König Louis-Philippe sich von Isidore Taylor (Baron Taylor, 1789–1879), dem Direktor der Schönen Künste, eine Sammlung von spanischen Gemälden anlegen ließ, die 1838 als «Galerie espagnole» mit 402 Werken im Louvre dem Publikum zugänglich gemacht wurde. Ganz unterschiedliche Maler wie Eugène Delacroix oder Gustave Courbet waren von der spanischen Malerei angezogen. Das breite Interesse an der spanischen Kunst im Frankreich des 19. Jahrhunderts ist in dem Ausstellungskatalog *Manet Velázquez* beschrieben und dokumentiert (Manet Katalog 2002). Nach dem Sturz von Louis-Philippe willigte der französische Staat im Juli 1851 ein, die Gemälde dem früheren Herrscher auszuhändigen, wor-

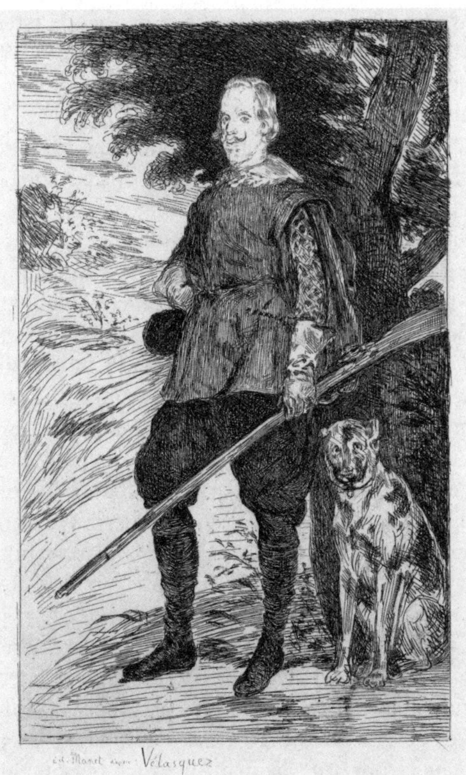

5 Edouard Manet, ***Porträt Philipp IV.*** (nach Velázquez), 1862, Radierung und Kaltnadel, 6. Zustand, 35 x 23 cm, London, British Museum, Department of Prints and Drawings

auf alle Werke nach London transportiert und von Christie's, Manson and Woods versteigert wurden – was in Frankreich großes Bedauern über den Verlust auslöste, die Begeisterung für die spanische Malerei aber wachhielt. Bereits im Juni 1851 schrieb sich Manet im Louvre ein, um das Gemälde eines Mönchs, das damals Diego Velázquez (1599–1660) zugeschrieben wurde, zu kopieren (Manet Katalog 2002, S. 174, Fig. 134). Schwierig abzuschätzen ist, ob die Heirat Napoléons III. mit der spanischen Gräfin Eugenia de Montijo de Guzmán (1826–1920) dem Interesse an Spanien auf Seiten der jungen französischen Maler zu- oder abträglich war. Napoléons Werbungen um eine Braut aus einem europäischen Fürstenhaus waren überall abgelehnt worden, da er seiner Herkunft nach als Emporkömmling betrachtet wurde und seit seinem Staatsstreich auch als Usurpator galt.

Manet orientierte sich vor allem an Gemälden von Diego Velázquez und an der Grafik von Francisco de Goya (1746–1828). Für seine Stierkampfdarstellungen bezog er sich auf Goyas Radierungsfolge der *Tauromaquia*, die zwischen 1816 und 1818 entstanden war. Die entschiedene Hinwendung zur spanischen Malerei und Grafik fiel bei Manet zeitlich zusammen mit dem Beginn seiner Beschäftigung mit der Radierung, einer grafischen Tiefdrucktechnik, bei der die bildliche Darstellung auf metallischen Druckplatten (meist aus Kupfer) mittels Ätzung (meist mit Säure) hervorgebracht wird. Eines der ersten grafischen Dokumente von Manets Interesse an spanischer Malerei und an der Radierung ist das *Porträt Philipp IV.* (Abb. 5) als Ganzfigur, das nach einem gemalten Bildnis des spanischen Königs entstanden ist. Dieses Gemälde, das damals für ein Werk von Velázquez gehalten wurde, hatte der Louvre 1862 angekauft; nach seiner Abwertung zur Atelierkopie wurde es ins Musée Goya de Castres (Musée d'art hispanique) in der Nähe von Toulouse verschoben. In der Bezeichnung des Blattes hat Manet die Vorlage genannt: «ed. Manet après Velasquez» – «Edouard Manet nach Velázquez». Das Blatt weist mit über 35 x 23 cm eine beträchtliche Größe auf, die den Anspruch belegt, eine hochwertige Reproduktion zu erzielen. Von dieser Radierung sind acht verschiedene Zustände bekannt, d. h., es wurden nacheinander acht verschiedene Abdrucke von der immer weiter bearbeiteten Platte gemacht. Die ersten sechs datieren von 1862, die letzten beiden vermutlich von 1866/67 (Manet Katalog 1983, Nr. 36). Manet hat in der Tiefdrucktechnik experimentiert und neben der Ätzung auch die Kaltnadel verwendet, also mit einer Stahlnadel die Platte direkt bearbeitet; in den letzten beiden Zuständen setzte er außerdem etwas Aquatinta, also die Flächenätzung, ein.

Im selben Jahr 1862 entstanden auch Manets erste Stierkampfdarstellungen. Mit Victorine Meurent (1844–1927), die

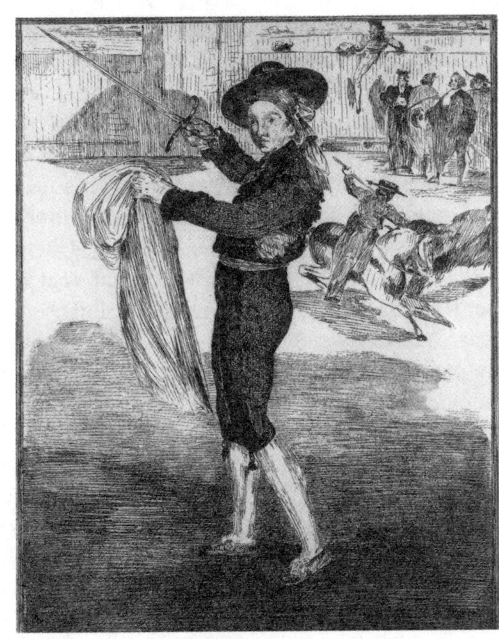

6 Edouard Manet, ***Mlle Victorine im Schwertkostüm***, 1862, Radierung und Aquatinta, 3. Zustand, 34 x 28 cm, Washington, D.C., National Gallery

Manet für zahlreiche Werke als Modell engagierte, schuf er das Gemälde *Mlle Victorine im Schwertkostüm* (Manet Katalog 1983, Nr. 33) und eine seitenverkehrte aquarellierte Zeichnung nach dem Gemälde als Vorbereitung für die Radierung mit dem gleichen Titel (Abb. 6). Das weibliche Modell, das kostümiert ist wie ein Torero, wendet sich aus einer Schrittstellung mit einer eleganten Drehung von Kopf und Körper zum imaginären Publikum. Im Mittelgrund zitiert Manet in allen drei Versionen eine Szene aus dem 5. Blatt von Goyas *Tauromaquia*, in der ein Picador zu Pferd mit der Lanze auf den angreifenden Stier einsticht. Im Hintergrund klettert ein Zuschauer über die Bande in die Arena hinunter, wo schon mehrere Personen stehen. Indem eine Frau, als Mann verkleidet, eine Rolle übernimmt, die damals ausschließlich Männern vorbehalten war, zeigt Manet unmissverständlich, dass seine Darstellungen sowohl Fiktionen wie auch Schaustellungen sind.

Am 31. Mai 1862 gründete der Kunsthändler Alfred Cadart (1828–1875) zusammen mit dem Fotografen Félix Chevalier und mit Edouard Manet, Henri Fantin-Latour (1836–1904), Félix Bracquemond (1833–1914) und anderen die *Société des acquafortistes*, die Gesellschaft der Radierer. Mit den Radierungen konnten Manet und seine Kollegen aus dieser Vereinigung auf eine ansehnliche Verbreitung und dadurch auf allgemeine Aufmerksamkeit hoffen. Cadart und Chevalier publizierten 1862 eine erste Mappe von Manet mit acht Radierungen (Manet Katalog 1983, Nr. 45 f.). Für den illustrierten Umschlag entwarf Manet zwei Frontispizien: die Darstellung einer Grafikmappe auf einem Galerieständer mit sitzender Katze und einen Versuch mit der komischen Figur des Polichinelle – des Hanswurst –, die von der Figur des Pulcinella aus der italienischen Commedia dell'arte abgeleitet ist. In diesem überaus interessanten zweiten Entwurf (Abb. 7) streckt der Hanswurst sein Gesicht mit der langen groben Nase aus einem geteilten Bühnenvorhang heraus, reißt die Augen auf und setzt einen komischen Gesichtsausdruck auf. Links von ihm ist die Darstellung einer holländischen Landschaft mit einem Luftballon an die Wand genagelt, darunter hängen als Theaterrequisit ein großes Schwert in der Scheide und ein breiter Gurt. Auf dem Boden liegen auf einem dunklen Tuch eine Gitarre und ein schwarzer Hut mit breiter Krempe – es sind die Requisiten, mit denen Victorine Meurent von Manet für ihre Auftritte als Straßensängerin oder als Torero ausgestattet wurde. Werner Hofmann hat in diesem Frontispiz den «Kunstgriff der Montage» erkannt und das Resultat so beschrieben: «Ein buntes, locker konstelliertes Gemisch aus Kunst und Jahrmarkt, Ausstellung und Schaubude» (Hofmann 1985, S. 34).

Das Erscheinen des grobianischen Hanswurst aus dem Bühnenvorhang zu den Theaterrequisiten ist eine höchst aufschlussreiche Idee für das Frontispiz zu der geplanten Edition von Manets Grafik. Dieses Frontispiz ist wie eine Bestätigung von Seiten des Malers, der die Malerei in den 1860er Jahren mit dem Schaustellen und der Präsentation vor Publikum amalgamierte. Zwei weitere Male stellte Manet den Polichinelle dar:

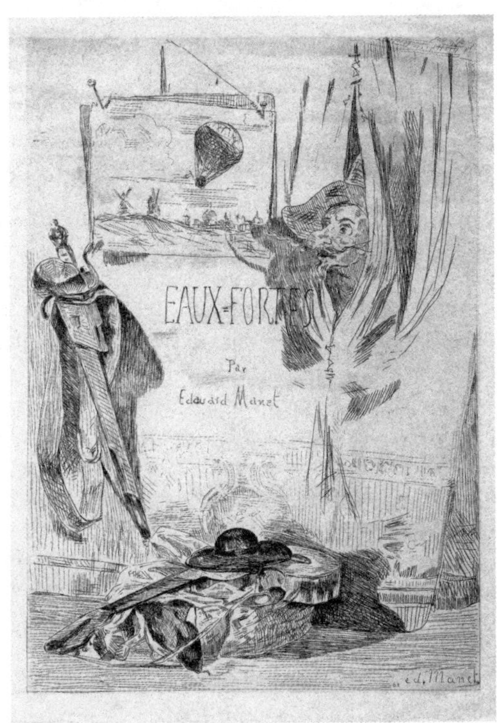

7 Edouard Manet, ***Polichinelle präsentiert die Radierungen von Manet*** (zweiter Versuch eines Frontispizes), 1862, Radierung, 33 x 24 cm, The New York Public Library

1873 als eine vom Bildrand überschnittene Rückenfigur in dem Gemälde *Ein Maskenball in der Oper* und im selben Jahr als komische Figur in einer Lithografie (Manet Katalog 2011, S. 34). In dieser Darstellung erkannte man damals sofort eine Karikatur auf Patrice de Mac-Mahon (1808–1893), den französischen Staatspräsidenten von 1873 bis 1879 und Befehlshaber der Regierungstruppen in der «Blutigen Woche» von 1871, in der die Kommune niedergeschlagen wurde. Die Reaktion auf die Abgabe des Pflichtexemplars war die Beschlagnahmung fast aller der 1500 gedruckten Lithografien durch die Polizei (Rubin 2010, S. 242).

3. Schaustellen: Manet und das Publikum

Manet nutzte zwei Möglichkeiten, das Publikum zu erreichen und für seine Arbeiten zu interessieren. Die eine ergab sich mit den Radierungen und Lithografien, die andere waren die Ausstellungen. Manet wollte seit 1859 vor allem an den offiziellen Ausstellungen, den Salons, teilnehmen, er nutzte aber auch die Gelegenheit, seine Werke in privaten Galerien zu zeigen oder eigene Präsentationen zu organisieren. 1861, im Jahr seiner ersten Teilnahme am Salon, begann er, in der privaten Galerie Martinet am zentralen Boulevard des Italiens Nr. 26 auszustellen. Louis Martinet (1814–1895) hatte 1861 die Leitung der Pariser Galerie übernommen und zeigte dort vor allem Werke zeitgenössischer Maler. 1863 stellte Manet hier vierzehn Gemälde aus, neben anderen wichtigen frühen Werken auch das Bild *Musik im Tuileriengarten* (Manet 1983, Nr. 38), das ungünstige Reaktionen hervorrief.

1867 veranstaltete Manet während der Pariser Weltausstellung eine eigene Schau mit fünfzig Gemälden, drei Kopien und drei Radierungen in einem Pavillon an der Place de l'Alma und publizierte dazu einen kleinen Katalog. Dafür verfasste er ein höchst interessantes Vorwort, in dem er seine Motive für den direkten Kontakt mit dem Publikum darlegte und sich über die Bedeutung des Ausstellens äußerte. Zu Beginn fasste er kurz seine Ausstellungsgeschichte und seine Erfahrungen mit der Jury des Salons zusammen: «Seit 1861 stellt Manet aus oder versucht es zu tun. In diesem Jahr hat er sich entschlossen, dem Publikum auf direktem Weg seine gesamten Arbeiten zu zeigen. Manet erhielt bei seinem ersten Auftreten im Salon eine lobende Erwähnung. In der Folge fand er sich jedoch zu oft durch die Jury ausgeschlossen, um nicht zu der folgenden Ansicht zu kommen: Wenn die Tätigkeiten auf dem Gebiet der Kunst einem Kampf entsprechen, muss man wenigstens mit gleichen

Waffen kämpfen können, mit andern Worten, auch zeigen können, was man gemacht hat.» In der Mitte des kurzen Textes steht der wichtigste Satz: «Ausstellen ist die Lebensfrage, das *sine qua non* für den Künstler, denn es kommt vor, dass man nach einigen Betrachtungen mit etwas vertraut wird, was einen überraschte und sozusagen entsetzte. Allmählich versteht und akzeptiert man es. Die Zeit selbst wirkt auf die Bilder wie eine unmerkliche Schleifmaschine und ebnet die anfänglichen Rauheiten ein. Ausstellen heißt, Freunde und Verbündete finden für den Kampf.» (Manet Katalog 1867, S. 6) Das erklärte Ziel von Manet war, mit seinen Freunden das Publikum für sich zu gewinnen, das von seinen Gegnern zu seinem Feind erklärt worden war.

Manet betrachtete es also als lebenswichtig für einen Künstler, sich mit dem Ausstellen seiner Werke direkt an das Publikum wenden zu können. Während die meisten seiner Zeitgenossen sich und ihrer Kunst damit offizielle Anerkennung, Käufer und Aufträge verschaffen mussten, ging es Manet, der nach dem Tod des Vaters finanziell gut gestellt war, weniger um die ökonomische Notwendigkeit des Ausstellens als um die Anregung, die aus der Auseinandersetzung mit dem Publikum zu gewinnen war. Für ihn wäre es unmöglich gewesen, in der Abgeschiedenheit zu arbeiten, ohne mit seinen Werken an die Öffentlichkeit treten zu können. Er wollte keineswegs als Außenseiter im Kunstbetrieb gelten und schon gar nicht als «Paria» – als verachteter Außenseiter der Gesellschaft. In seinem Text zeigte er eine bittere Konsequenz auf, die sich einstelle, wenn ein Künstler vom Ausstellen ausgeschlossen werde: «Ohne diese Möglichkeit [des Ausstellens] wäre der Künstler allzu einfach in einen Kreis eingeschlossen, aus dem kein Weg mehr hinausführt. Man würde ihn zwingen, seine Leinwände aufzustapeln oder auf einem Dachboden zusammenzurollen.» Entsprechend versuchte Manet stets, an den Salons teilzunehmen oder dem Publikum seine Werke in Galerien, auch straßenseitig in den Schaufenstern, zu zeigen.

Diese Präsentation erfolgte, wie allgemein üblich, nach der Fertigstellung der Werke. Aber die Zurschaustellung schrieb

Manet – und das ist der wichtigste Punkt – seinen Gemälden in den 1860er Jahren von vornherein ein, so dass sie geradezu deren Kern ausmacht. Edmond Duranty (1833–1880), ein Freund Manets, fügte 1870 in seine Besprechung des Salons die folgende Bemerkung ein: «In jeder Ausstellung hat es ein einziges Gemälde, das sich von allen übrigen auf zweihundert Schritte, quer durch die Reihe der Säle, abhebt, und das ist immer das Gemälde von Manet.» Duranty hat hier richtig beobachtet, dass Manet die Ausstellungssituation im Palais de l'Industrie erfolgreich bewältigte und die Konkurrenz der Bilder zu seinem Vorteil nutzen konnte. Seine Gemälde thematisieren das Ausstellen, aber sie betreiben keine Schauspielerei. Deshalb trifft sie auch nicht Friedrich Nietzsches (1844–1900) gegen Richard Wagner (1813–1883) gerichteter Vorwurf der «Gesamtverwandlung der Kunst ins Schauspielerische» oder die Verurteilung der deutschen Gedankenmalerei als «Theaterkunst» durch Julius Meier-Graefe (1867–1935); dieser wollte in seinem Buch *Der Fall Böcklin* von 1905 den Maler Arnold Böcklin (1827–1901) als eine Art Betrüger entlarven, der nur die Täuschung und Irreführung des Publikums beabsichtigt habe.

Die Behauptung, Manets Malerei habe ihren Kern in der Zurschaustellung, lässt sich auf verschiedenen Ebenen begründen. Die offensichtlichste ist die häufige Thematisierung des Schaustellens, beginnend 1862 mit *Der alte Musiker* (Manet Katalog 2011, S. 49) bis hin zu *Der Sänger Faure als Hamlet* von 1877 (Manet Katalog 2011, S. 209) und *Emilie Ambre in der Rolle der Carmen* von 1880 (Manet Katalog 2011, S. 230). Die zweite Ebene sind die zahlreichen Darstellungen des Publikums, also des Rezipienten der Schaustellung. Die dritte ist die Antwort der abgebildeten Personen auf die Wahrnehmung durch das Publikum. Und die vierte schließlich ist der Habitus des damals neuen führenden Künstlertypus, des Ausstellungskünstlers (Bätschmann 1997).

Das Gemälde *Lola von Valencia* (Taf. 1) zeigt die Startänzerin des spanischen Balletts am königlichen Theater von Madrid. Die Truppe gastierte im Sommer und Herbst 1862 zum zweiten Mal in Paris, zur großen Begeisterung des Großstadtpublikums.

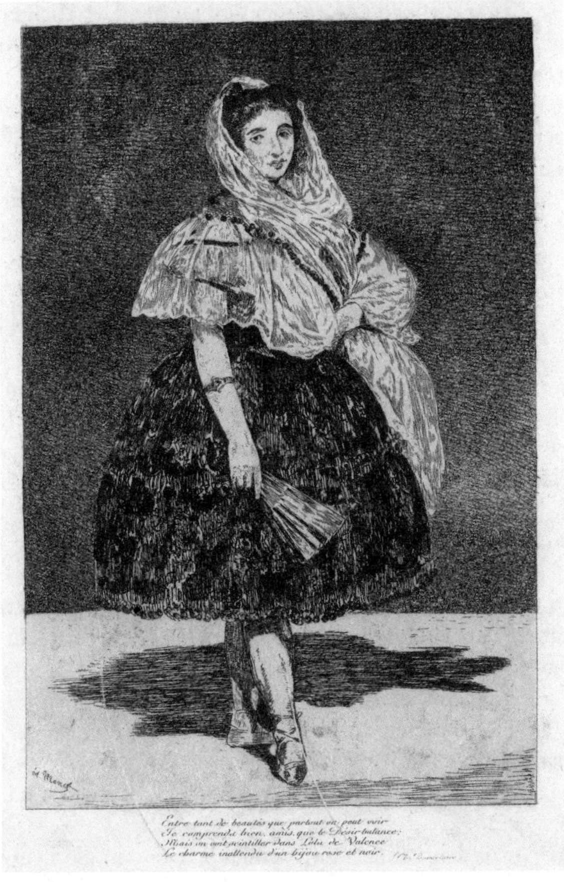

8 Edouard Manet, ***Lola von Valencia***, 1862, Radierung und Aquatinta, 26 x 18 cm, London, British Museum, Department of Prints and Drawings

Manet hat die ganze Gruppe gezeichnet, eine Radierung angefertigt und ein kleines Gemälde ausgeführt. Von der Tänzerin Lola Melea, genannt Lola von Valencia, malte er eine Darstellung in Ganzfigur auf neutralem Grund; anschließend fertigte er ein Aquarell als Vorbereitung für eine Radierung (Abb. 8), der vom 5. Zustand an Aquatinta zugefügt wurde. Der Dichter und Schriftsteller Charles Baudelaire (1821–1867), mit dem Manet seit 1859 bekannt war, schickte dem Maler für die Radierung einen Vierzeiler, der die Feier der Schönheit von Lola mit einer erotischen Anzüglichkeit verknüpfte: «Inmitten so vieler Schönheiten, die man überall sehen kann / Begreife ich wohl, Freunde, dass die Begierde schwankt; / Aber man sieht in Lola von Valence schimmern / Den unverhofften Reiz eines Edelsteins in Rosa und Schwarz.» Baudelaire empfahl Manet jede orthografische und typografische Sorgfalt bei der Anbringung seiner Verse und regte an, diese auch auf das Gemälde oder auf dessen Rahmen zu schreiben (Manet Katalog 1983, Nr. 50–52). Im März 1863 erschien in Paris eine Serenade auf die Tänzerin von Manets Freund Zacharie Astruc (1835–1907), der die Dichtung verfasst und die Musik komponiert hatte, während Manet für die Edition eine Lithografie gezeichnet hatte (Manet Katalog 1983, Nr. 53).

Manet stellte die Tänzerin in einer leichten Drehung nach rechts dar und gab ihr jene Fußstellung, die zu Beginn einer Vorführung eingenommen wurde. Sie ist gekleidet in einen weiten schwarzen Rock, auf dem die Farben Rot, Grün, Gelb und Orange leuchten. Ihr Oberkörper und der Kopf sind umfasst von einem weiten transparenten weißen Schal. Der linke Arm ist in die Hüfte gestemmt, der rechte Arm fällt in gleicher Neigung wie das rechte Bein nach unten. Der Kopf ist zu einer Dreiviertelansicht gedreht, und die Tänzerin blickt mit ihren schwarzen Augen direkt aus dem Bild zum Betrachter.

Nach 1867 hat Manet unten einen Streifen an die Leinwand anstücken lassen und den neutralen Hintergrund übermalt, indem er hinter der Figur die Rückseite einer Kulisse hinzufügte; auf der rechten Seite ließ er einen senkrechten Streifen frei, um einen Schauspieler in Rückenansicht auf der Bühne und darüber das Publikum in den Rängen des Theaters zu zeigen. So führte er zwei Rezipienten ein: den Betrachter des Bildes und das Publikum, das den Auftritt der Tänzerin erwartet, deren Schaustellung vor dem Betrachter durch den Maler im Gemälde inszeniert wird.

Diese Anordnung mit einem Darsteller auf der Rückseite einer Kulisse, einem Schauspieler auf der Bühne und dem Publikum auf den Rängen findet sich bereits 1856 in einer Lithografie aus der Serie *Croquis dramatiques* des großen Satirikers Honoré Daumier (1808–1879). Daumier suggeriert jedoch, eine melodramatische Szene aufzudecken, mit der die Schauspielerin, die für sich hinter der Bühne probt, lächerlich gemacht wird. Bei Manet ist sich Lola von Valencia ihrer eigenen Schaustellung nicht ohne Stolz bewusst und tritt in Kontakt mit dem Betrachter.

In solch demonstrativer Vollständigkeit wie bei dem Gemälde *Lola von Valencia* hat Manet die Schaustellung nicht häufig durchgearbeitet. Dagegen finden sich vielfach einzelne Elemente davon, zum Beispiel in den Sängern und Sängerinnen, die Manet etwa auf den Gemälden *Der spanische Sänger* (Abb. 3) oder *Die Straßensängerin* (Boston, Museum of Fine Arts, um 1862) darstellte. Ein anderes Beispiel ist das Gemälde *Der Knabe mit dem Schwert* von 1861 (New York, Metropolitan Museum of Art); hier tritt ein Knabe, der das übergroße Schwert mit Gurt aus dem Frontispiz mit Polichinelle (Abb. 7) mit sich herumschleppt, auf einem flachen Streifen unter Bühnenbeleuchtung auf. Ein wichtiger Faktor in Manets Bildern ist auch das Publikum, dem er in dem Gemälde *Musik in den Tuilerien* von 1862 (London, National Gallery; Manet Katalog 1983, Nr. 38) einen separaten Auftritt verschafft und das er in den Stierkampfarenen detailliert erfasst. In dem Bild *Musik in den Tuilerien* wird ein Blick vom Standort des Orchesters auf das elegante mondäne Publikum der Konzerte vor dem Tuilerienschloss wiedergegeben, der Stadtresidenz von Napoléon III. Die aktiven Musiker bleiben unsichtbar. Im Publikum erscheinen Manet selbst und viele seiner Freunde, darunter Henri Fantin-Latour, Zacharie Astruc und Charles Baudelaire, der Bruder Eugène und der Operettenkomponist Jacques Offenbach (1819–1880).

Eine komplexe Inszenierung ist in dem Gemälde *Le Déjeuner sur l'herbe* (Taf. 2) von 1863 zu erkennen. Es trug zuerst den Titel *Le Bain* (*Das Bad*), und erst 1867 erhielt es im Katalog von Manets Ausstellung während der Pariser Weltausstellung den Eintrag *Le Déjeuner sur l'herbe*. In den meisten deutschsprachigen Publikationen wird bis heute die falsche Übersetzung «Frühstück im Freien» wiederholt, obwohl «déjeuner» eine mittägliche Mahlzeit meint und das Gemälde entsprechend «Picknick» genannt werden sollte. Zuvor hatte Manet noch einen weiteren Titel für das Gemälde mit dem erotischen Picknick verwendet, nämlich *La Partie carrée*, was etwa als «flotter Vierer» zu übersetzen wäre; im Inventar, das Manet 1871 erstellte, taucht diese Bezeichnung wieder auf. Den Titel, unter dem das Gemälde heute bekannt ist, hat Manet von seinem jungen Kollegen Claude Monet (1840–1926) übernommen, der 1865 mit größtem Ehrgeiz ein riesiges Ausstellungsbild mit einer Gesellschaft von Frauen und Männern beim Picknick im Wald von Fontainebleau begonnen hatte. Monet konnte jedoch sein Gemälde, das eine Höhe von mehr als vier Metern und eine Breite von über sechs Metern aufgewiesen hätte, nicht für den Salon von 1866 fertigstellen und gab es danach auf, derart ambitionierte Figurenbilder zu malen. Die Leinwand zerschnitt er 1884. Aus den drei Fragmenten, die erhalten blieben, lässt sich auf eine Darstellung einer zwanglosen Gruppe von Frauen und Männern schließen – nach Art des englischen *conversation piece*. Die Personen sind nach der neuesten Mode gekleidet und stehen oder sitzen in einem besonnten Waldstück.

Manets *Le Bain* oder *Le Déjeuner sur l'herbe* zeigt dagegen eine sitzende nackte junge Frau in Gesellschaft von zwei elegant gekleideten jungen Männern. In mittlerer Entfernung sieht man eine weitere weibliche Figur, die in einem Tümpel in gebückter Haltung steht. Die Modelle sind mit einer Ausnahme, der Frau im Mittelgrund, bekannt: Für die nackte Frau saß Victorine Meurent Modell, für den jungen Mann rechts stellten sich Manets Brüder Eugène und Gustave zur Verfügung, und für den Mann links diente Ferdinand Leenhoff, der Bruder von Suzanne, als Modell. Für die Komposition der Dreiergruppe bezog sich Manet auf Raffaels berühmte mythologische Komposition *Das Urteil des Paris*, in der neben dem Hauptgeschehen eine Nymphe mit zwei Flussgöttern zu sehen war. Von diesem heute

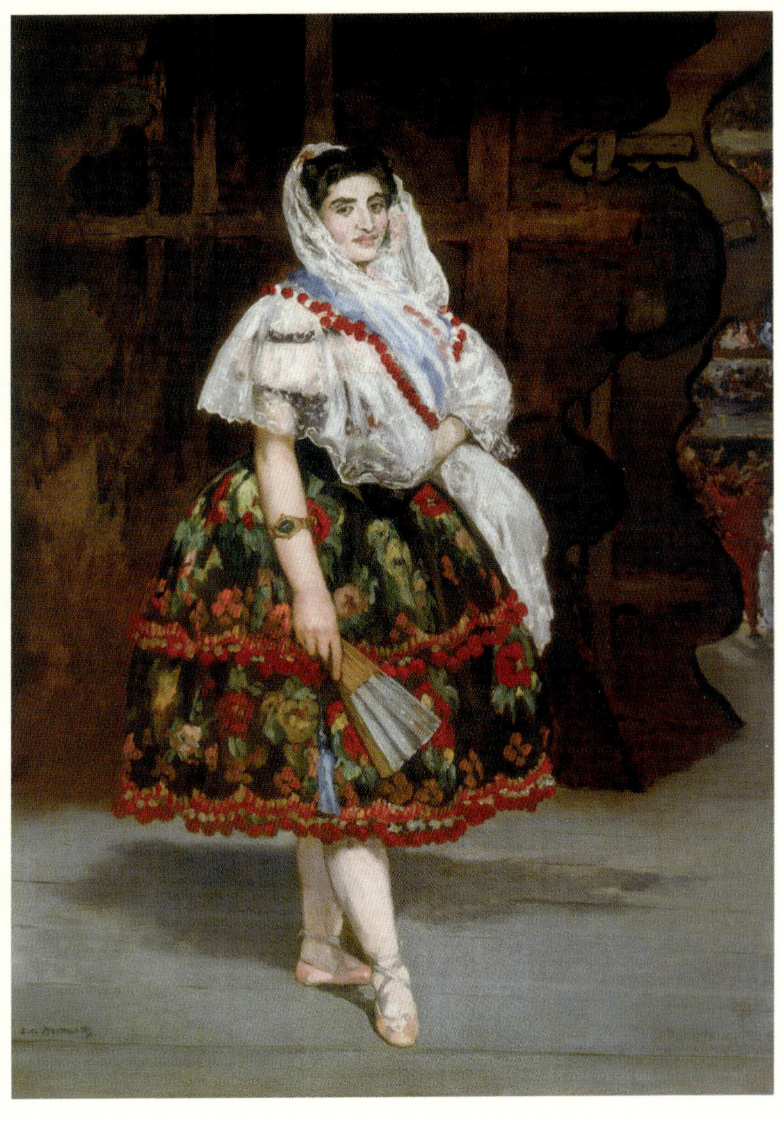

1 Edouard Manet, ***Lola von Valencia***, 1862, überarbeitet nach 1867, Öl/Lw., 123 x 92 cm, Paris, Musée d'Orsay

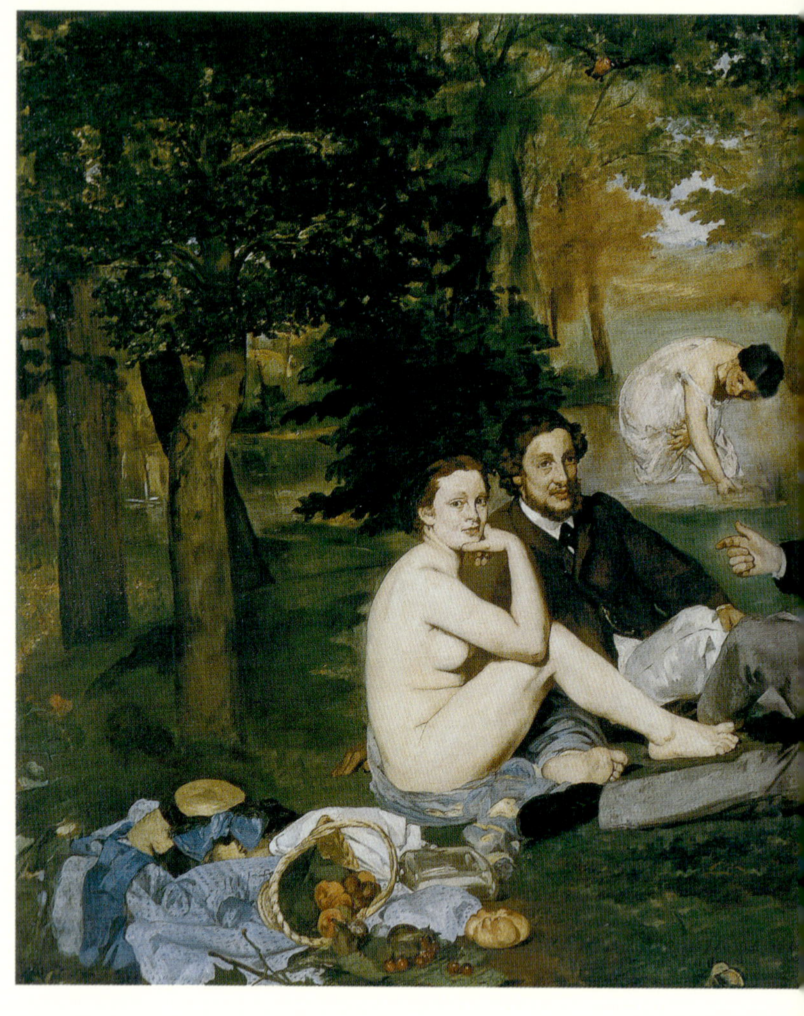

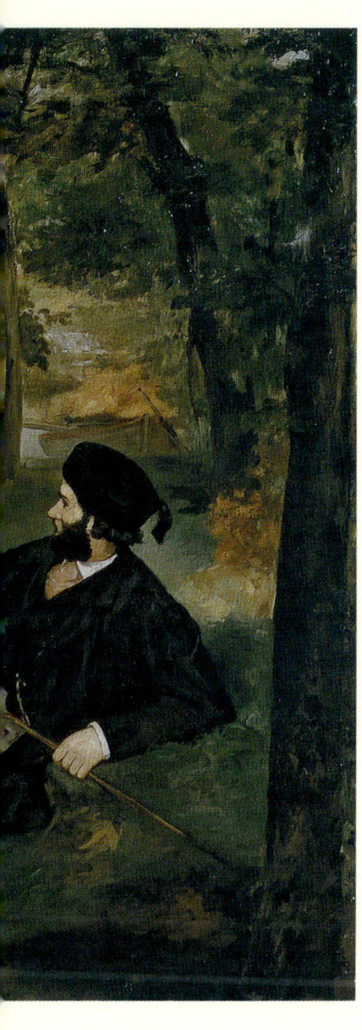

2 Edouard Manet, ***Le Déjeuner sur l'herbe (Das Picknick)***, 1863, Öl/Lw., 208 x 264 cm, Paris, Musée d'Orsay

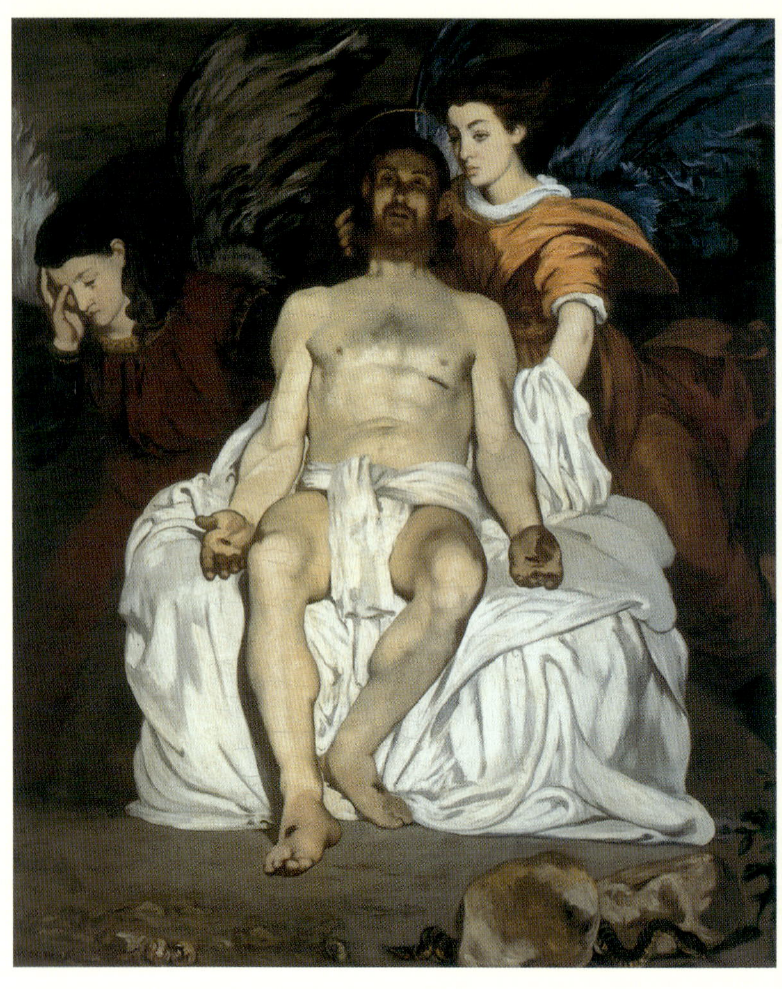

3 Edouard Manet, ***Der tote Christus mit Engeln***, 1864, Öl/Lw., 179 x 150 cm, New York, The Metropolitan Museum of Art

verschollenen Bild hatte Marcantonio Raimondi um 1515/16 einen Kupferstich angefertigt, der wiederum bereits im 16. Jahrhundert zweimal – von Marco Dente und von Etienne Dupérac – kopiert wurde. Manet selbst, so erzählt Proust, hatte die Anregung zu seinem Gemälde bei einem Ausflug nach Argenteuil erhalten, wo er Badende in der Seine gesehen hatte. Die Idee zu einem Gemälde mit einem Akt sei dann durch ein Bild im Louvre mit zwei nackten weiblichen Figuren und zwei Musikern gekommen, das damals Giorgione zugeschrieben wurde und heute als Werk von Tizian betrachtet wird (Proust 1917, S. 39 f.). Ausgeführt wurde das Gemälde in Manets Atelier an der Rue Guyot, das der Künstler 1862 bezogen hatte (Tabarant 1947, S. 61).

Die Männer auf dem Bild stellen Studenten vor – sie tragen noch deren Kappe, die *faluche*, aber sie haben das Studentenalter weit hinter sich gelassen. Die ausgezogene Victorine Meurent hingegen spielt in der Pose von Raffaels Nymphe eine Prostituierte. Dies wird durch den Frosch links unten verdeutlicht, denn «grenouille» (Frosch) war damals ein vulgärer Ausdruck für eine Prostituierte (House 1998, S. 86). Die drei Personen spielen jeweils eine Rolle, und zwar an einem Schauplatz, der offensichtlich als ein künstlicher gekennzeichnet ist – eine Theaterkulisse soll den Bois de Boulogne darstellen, wo sich zu dieser Zeit Männer mit Prostituierten trafen. Der Ort des Picknicks ist schon an der auffälligen Unnatürlichkeit der Beleuchtung als Theaterlandschaft zu erkennen: Licht fällt von vorne auf die Dreiergruppe, ein weiteres Licht beleuchtet den Mittelgrund mit der Badenden und den Hintergrund. Eine gemalte Verbindung zwischen den Figuren und dem Grund ist nicht auszumachen: Die Figuren wie auch die Baumstämme sind praktisch ohne Relief.

Dass die Szene in der künstlichen Natur gestellt ist, bestätigt auch das prachtvolle Stillleben im Vordergrund links. Mit dem blauen Kleid und dem Strohhut von Victorine Meurent, mit Korb, Brötchen, Früchten, Flasche und einem weißen Tuch setzt es den flächigen Figuren eine realistische Plastizität entgegen. Doch das Ganze ist zur Seite gelegt wie das Kleid. Die Gruppe hat das Picknick gar nicht eingenommen, das auch nur aus wenigen Ingredienzen besteht und nicht einmal eine ordentliche Flasche Wein enthält. Es ist lediglich eines der Wunder der Malerei.

Der von der Seite dargestellte sitzende Akt, der in diesem Gemälde mit Victorine Meurent als Modell gezeigt wird, kommt bei Manet in anderer Form und in anderem Zusammenhang schon 1859 und 1860 vor. Die nackte junge Frau in dem Gemälde *Die überraschte Nymphe* von 1859–1861 in Buenos Aires (Manet Katalog 1983, Nr. 19), das Manet mehrfach überarbeitete, hat man auf Darstellungen der Bethsabee im Bad bezogen, zum Beispiel auf ein Werk von Rembrandt (1606–1669) im Louvre. Manet hat jedoch alle Hinweise auf die biblische Geschichte getilgt und auch keine Spur gelegt zu der klassischen mythologischen Geschichte von Aktäon, der für seine Entdeckung der badenden Diana mit Verwandlung und Tod bestraft wurde. In Manets Gemälde wird gezeigt, wie eine nackte Badende am Ufer eines Gewässers sich vor dem Betrachter schützt, der sie entdeckt hat. Der Betrachter des Bildes kommt in die Rolle desjenigen, der die Frau im Bild überrascht, und diese versucht, sich vor seinem Blick zu verbergen. Ganz anders verhält sich die Nackte in *Le Déjeuner sur l'herbe*. Weit davon entfernt, sich vor unliebsamen Blicken zu schützen, wendet sie sich zum Betrachter und schätzt herausfordernd und regungslos ihre Wirkung auf ihn ab.

Diese kühle Herausforderung des Zuschauers ist noch gesteigert in Manets Gemälde *Olympia* (Taf. 5), das er ebenfalls 1863 malte, aber erst zwei Jahre später im Salon präsentierte. Das Modell Victorine Meurent wird hier in der Pose der Venus aus Tizians Gemälde *Die Venus von Urbino* dargeboten, das Manet in Florenz kopiert hatte. Der Maler zeigt die junge Frau ohne jeden tizianischen Schimmer des Fleisches in ihrer puren kantigen Nacktheit und lässt ihr vom mythologischen Typ allein die Geste der *Venus pudica*, die ihre Scham mit der Hand verdeckt. Olympia, die den Namen einer Kokotte trägt und mit einer Kamelienblüte im Haar geschmückt ist, liegt auf einem gelblichen spanischen Schal, einem weißen Leintuch und einem großen

Kissen; gebettet ist sie auf einer bildparallel angeordneten Matratze. Eine schwarze Dienerin enthüllt ein Blumenbukett, das ein Kunde hat überbringen lassen, und präsentiert es dem Betrachter bzw. dem Publikum, während sie zu Olympia blickt, die es gar nicht wahrnimmt, sondern ihrerseits kühl den Betrachter mustert. Zu Füßen Olympias macht eine junge schwarze Katze einen Buckel und richtet ihre gelb glühenden Augen nach vorn.

Manet verwandelte Tizians *Venus von Urbino* in eine demonstrative Zurschaustellung der nackten Kokotte und des Blumenbuketts, und er ließ Olympia so aus dem Bild blicken, dass wir als Betrachter annehmen sollen, sie sei sich ihrer Darbietung selbst bewusst. Emil Maurer hat die Beziehung zum Betrachter so beschrieben: «Manet rechnet von vornherein mit einem Adressaten. Innerhalb der Bildkonstellation ist dieser ein unsichtbarer Mitspieler, eine Hauptperson. Er findet sich angesprochen, herausgefordert, er muss Stellung nehmen, sei es entrüstet oder ironisch oder zustimmend (oder wie immer).» (Maurer 1992, S. 153)

Die Pariser Rezeption von Manets Gemälden zwischen 1863 und 1865 zeigt, dass die Beziehung zwischen Publikum und Künstler inzwischen von Aggression bestimmt war. Manet hatte offenbar Schwierigkeiten, damit umzugehen, was aus seinen Einsendungen an die Salons und aus seinen Reaktionen zu erkennen ist. 1863 wurde sein Bild *Le Bain* (*Le Déjeuner sur l'herbe*) von der Jury des Salons ebenso zurückgewiesen wie seine anderen beiden Einsendungen. Doch waren in diesem Jahr die Ablehnungen derart zahlreich, dass die aufgebrachten Künstler gegen die Entscheidungen der Jury laut protestierten. Napoléon III. sah sich genötigt, für die abgelehnten Werke eine eigene Schau einrichten zu lassen, den «Salon annexe», der in der Kunstgeschichtsschreibung in den «Salon des Refusés», den «Salon der Zurückgewiesenen», umbenannt wurde. Manet zeigte hier neben dem *Déjeuner sur l'herbe* zwei große Schausteller-Gemälde mit spanisch kostümierten Modellen: Victorine mit einem Degen in einer Stierkampfarena und den Bruder Gustave in einem Majo-Kostüm (Manet Katalog 1983, Nr. 33, 72).

Tabarant zitiert die Schilderung eines ebenfalls zurückgewiesenen Malers: «Die Ausstellung war von der anderen nur durch ein Drehkreuz getrennt. Man ging hinein, wie in London in Madame Tussaud's Horrorkabinett. Man erwartete ein großes Gelächter, und man lachte wirklich vom Eingang weg.» (Tabarant 1947, S. 95) Hauptzielscheiben des Spottes waren offenbar Manet und der Amerikaner James McNeill Whistler (1834–1903), der hier sein berückendes Bild *Sinfonie in Weiß* (Washington, D. C., National Gallery) zeigte. Zacharie Astruc schrieb in der Zeitung *Le Salon de 1863*, die für die Dauer der Ausstellung publiziert wurde, eine positive Würdigung: «Manet! Einer der bedeutendsten Künstler unserer Zeit! Ich möchte nicht behaupten, dass er auf diesem Salon, wo so viele Tüchtige sich einfinden, den Triumph davongetragen habe. [...] Aber seine Werke besitzen Ausstrahlung, Inspiration, Anziehungskraft, sie überraschen. [...] Wer vor seinen Bildern innehält und sie mit der Aufmerksamkeit betrachtet, die derart unmittelbare, ausgewogene, mit solchem Schwung und solcher Kraft ausgeführte und wie mit einem Schlag aus der Natur selbst hervorströmende Werke verdienen, der wird nicht umhin können, ihre Verdienste anzuerkennen und ihnen das rechte Lob zuteil werden zu lassen, das die schönen Werke verdienen.» (Manet Katalog 1999, S. 107 f.) Es gab noch weitere positive Stimmen, und der Journalist Edouard Lockroy (1838–1913) prophezeite, dass Manet eines Tages triumphieren werde (Hamilton 1986, S. 38–51).

Die beiden Opferdarstellungen, die Manet im Salon des folgenden Jahres zeigte, sind wahrscheinlich als Reaktion auf das aggressive Verhalten des Publikums im Salon von 1863 zu verstehen. Das eine Gemälde zeigt ein tragisches Unglück in einer Stierkampfarena, wo im Vordergrund vor vollen Rängen der tote Torero auf dem Rücken im Sand liegt (Manet Katalog 1983, Nr. 73). Das andere Gemälde präsentiert das religiöse Sujet *Der tote Christus mit Engeln* (Taf. 3). Es handelt sich dabei um das Thema, mit dem Manet neben der *Olympia* am eindrücklichsten vorgeführt hat, wie die Malerei zur Schaustellung werden kann. Der weiße Leib des Schmerzensmannes wird auf dem weißen Tuch in sitzender Stellung präsentiert, seine Hand-

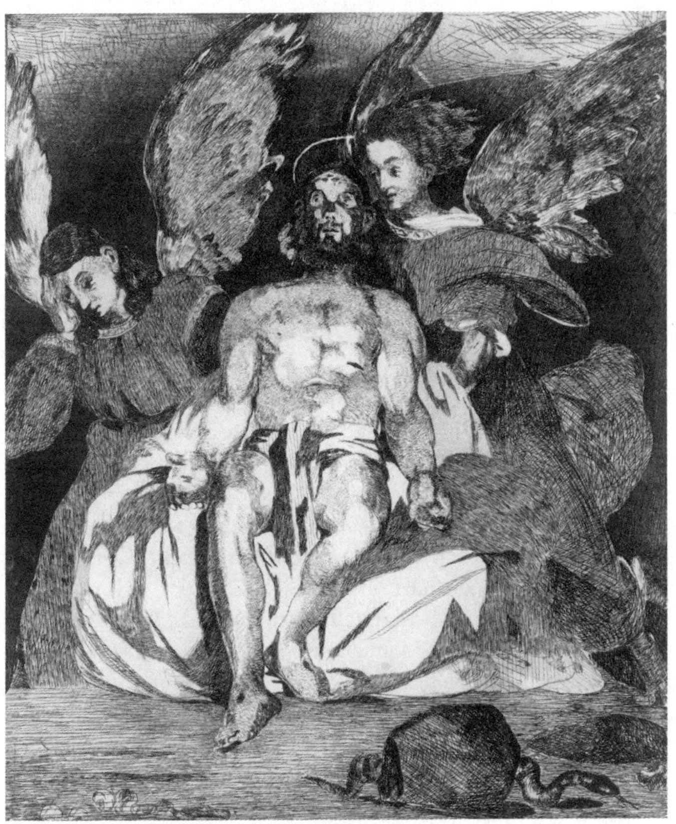

9 Edouard Manet, ***Der tote Christus mit Engeln***, 1866/67, Radierung und Aquatinta, 3. Zustand, 40 x 33 cm, Washington, D. C., National Gallery

flächen sind nach oben gekehrt, und sein Gesicht ist verdunkelt. Er wird von einem Engel gestützt und von einem zweiten betrauert. Hilfeleistung und Trauer geben den Betrachtern die von ihnen erwartete Bewegung und Emotion vor. Doch goutierten seinerzeit weder Publikum noch Kritik die Darstellung des toten Torero oder die des Christus-Leichnams. Allerdings können die damaligen Urteile, selbst die von berühmten Kritikern, nicht anders als borniert, wenn nicht gar töricht genannt werden (Hamilton 1986, S. 51–65). Töricht soll auch Gustave Courbet reagiert haben, indem er sich über die Darstellung von Engelwesen mokierte, die noch niemand habe sehen können. Edgar Degas (1834–1917) hielt dagegen und wies auf die wunderbare Zeichnung und die prachtvollen Farben des Gemäldes hin. *Der tote Christus mit Engeln* war für Manet ein besonders wichtiges Werk, was sich daran ablesen lässt, dass er für dessen erneute Präsentation in seiner Ausstellung von 1867 mit einer aquarellierten Zeichnung seine größte Radierung vorbereitete (Abb. 9).

Für den Salon von 1865 reichte Manet neben der *Olympia* (Taf. 5) ein religiöses Gemälde ein: *Jesus wird von den Soldaten verspottet* (Taf. 4). Der dornengekrönte Christus sitzt mit gebundenen Händen in hellster Beleuchtung auf einem Schemel, der als Thron drapiert ist. Ein Scherge hat sich auf der linken Seite zum Spott niedergekniet und bietet Christus ein Bambusrohr als Zepter an, während zwei halb nackte Soldaten hinter ihm stehen, von denen einer zum Publikum blickt. Christus hat einen hellen braunen Bart – es handelt sich hier unverkennbar um eine versteckte Selbstdarstellung des Malers, was von Edgar Degas sofort erkannt und in einem radierten Porträt von Manet festgehalten wurde. Über die spöttische Reaktion auf seine beiden Gemälde beklagte sich Manet bei Baudelaire, doch dieser antwortete aus seinem Exil in Brüssel mit einer unwirschen Zurechtweisung, nicht ohne Manet an seine Freundschaft zu erinnern: «Man macht sich über Sie lustig; die *Späße* gehen Ihnen auf die Nerven; man ist unfähig, Ihnen Gerechtigkeit widerfahren zu lassen, etc., etc. Glauben Sie denn, Sie wären der erste Mensch, dem das widerfährt?» (Baudelaire 1977–1985, Bd. 8, S. 84 f.)

Einen witzigen Kommentar auf das bürgerliche Publikum vor Manets *Olympia* publizierte Honoré Daumier am 19. Juni 1865 im Pariser Satireblatt *Le Charivari* (Abb. 10). Ein Paar mit einem Rotzjungen steht vor dem unbegreiflichen Bild. Der Mann, der einen Katalog in den Händen hält, stellt die Frage: «Warum zum Teufel heißt diese dicke Frau im roten Hemd Olympia?», und die Frau antwortet: «Ja, mein Freund, vielleicht ist es die

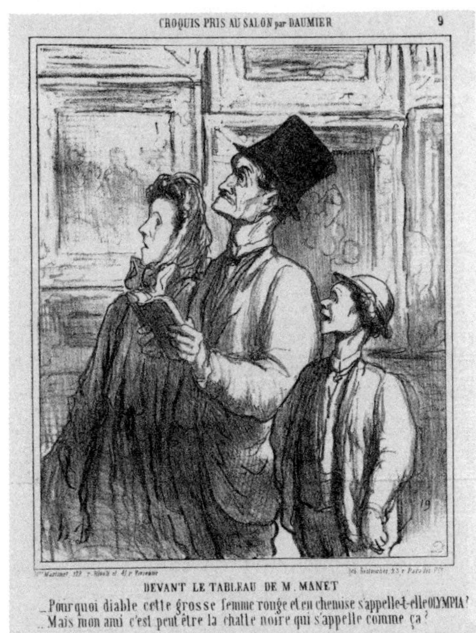

10 Honoré Daumier, ***Vor dem Gemälde des Herrn Manet***, Lithografie, 23 x 19 cm, in: *Le Charivari*, 19. Juni 1865, London, British Museum

schwarze Katze, die so heißt?» Der Dialog verrät in bloß zwei Zeilen vieles: Der Mann betrachtet angeblich die bekleidete Schwarze und wagt es nicht, gegenüber seiner Frau von dem aufreizenden Akt auf dem Bett zu sprechen; und die Frau versucht, seinen Blick weiter nach rechts zu lenken, wo die kleine schwarze Katze am Bettende steht und mit funkelnden Augen auf die Betrachter schaut. Einzig der Junge, in der Kleidung eines Gamin, eines Straßenjungen, erfreut sich ungeniert an der nackten Olympia. Die Ironie des bürgerlichen Verschweigens wird auch dadurch gezeigt, dass «chatte» (oder «chat») im Französischen nicht nur das Tier meint, sondern auch das weibliche Geschlecht. Olympia verdeckt es mit der linken Hand, und die brave Bürgersfrau, die es unwissentlich beim Namen nennt, macht den Mann gerade auf das aufmerksam, wovon sie ihn ablenken will.

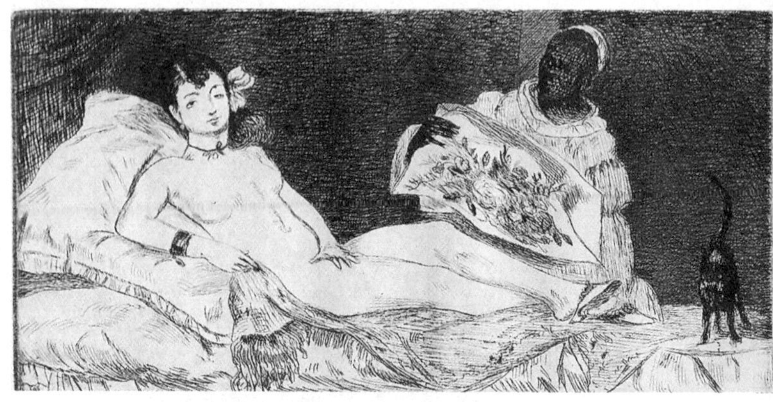

11 Edouard Manet, ***Olympia***, Radierung, in: Emile Zola, *Edouard Manet. Etude biografique et critique*, Paris: E. Dentu, 1867

Zola reagierte anders als Baudelaire auf die Kritik an Manet. In seiner Besprechung des Salons von 1866 widmete er Manet einen eigenen Abschnitt. Manets Gemälde *Der tragische Schauspieler* und *Der Pfeifer* (Manet Katalog 1983, Nr. 89, 93) waren von der Jury zurückgewiesen worden. Zola rühmte die seit 1863 von Manet ausgestellten Meisterwerke und besonders den *Pfeifer* (Zola 1988, S. 23–30). Am Tag des Erscheinens von Zolas Artikel schrieb Manet dem Autor: «Lieber Herr Zola, ich weiß nicht, wo ich Sie antreffen kann, um Ihnen die Hand zu drücken und Ihnen zu sagen, wie sehr ich glücklich und stolz bin, von einem Mann Ihres Talentes verteidigt worden zu sein.» (Manet Katalog 1983, S. 520) Bereits im Januar des folgenden Jahres publizierte Zola einen Essay über Manet, der auch als Broschüre unter dem Titel *Edouard Manet, eine biografische und kritische Studie* erschien. Félix Bracquemond lieferte dazu ein radiertes Bildnis von Manet und der Künstler selbst eine Radierung der *Olympia* (Abb. 11). Zur Verteidigung Manets erzählte Zola von Steine werfenden Straßenjungen und Kritikern, stellte den Maler als ruhigen Bürger dar und warb mit Erklärungen um Verständnis für seine Malweise und ihre Originalität, das große Schreckgespenst für das Publikum (Zola 1988,

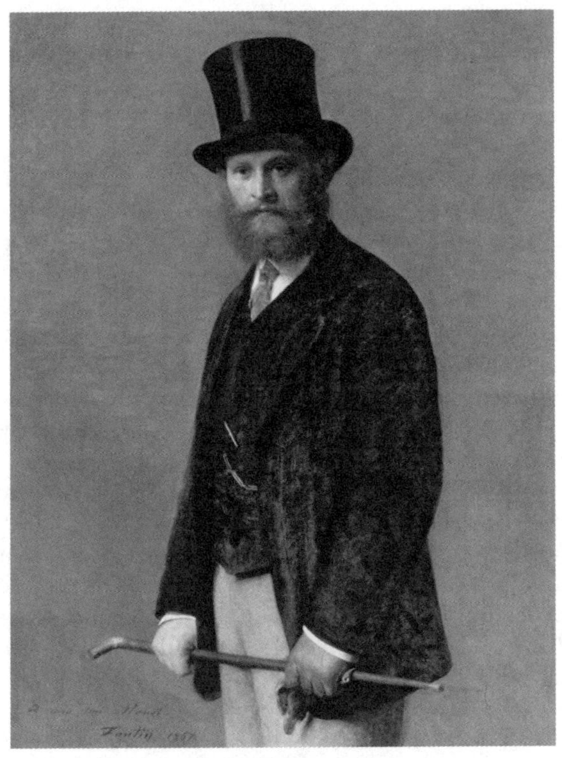

12 Henri Fantin-Latour, ***Bildnis Edouard Manet***, 1867, Öl/Lw., 117 x 90 cm, Chicago, The Art Institute

S. 47–75). Zola kämpfte mit allen journalistischen Tricks, um Manet zu helfen, dessen Gemälde *Das Picknick* (*Le Déjeuner sur l'herbe*) und *Olympia* die größten Skandale hervorgerufen hatten und der seinen Ruf als Paria loszuwerden suchte. Die Öffentlichkeit sah sich vom Maler beleidigt und antwortete mit Schmähungen des Künstlers. Zola schickte sich an, sie von der Aufrichtigkeit und Begabung Manets zu überzeugen, der wie jeder Bürger intensiv arbeite und sich im Kreis seiner Familie und seiner Freunde erhole. Nicht anders denn als ordentlichen und gut situierten Bürger hat Fantin-Latour seinen Freund Manet

1867 mit Zylinder, schwarzem Jackett, weißem Hemd und blauer Krawatte, mit Gilet, Uhrkette, Stock und Handschuhen porträtiert (Abb. 12).

Manet selbst malte in diesen Jahren je ein Porträt seiner beiden Fürsprecher, 1866 von Astruc und 1868 von Zola (Taf. 6). Im Bildnis von Zacharie Astruc (Manet Katalog 1983, Nr. 94) nutzte Manet eine Teilung der Bildfläche in Hell und Dunkel, setzte Astruc in dunklem Gewand vor die dunkle Wand auf der rechten Seite und malte links über einem Bücherstillleben einen hellen Ausblick in ein Zimmer – wahrscheinlich handelt es sich um ein Spiegelbild. Im Porträt von Emile Zola ist der Schriftsteller auf einem Sessel platziert und in der Fläche nach rechts ausgerichtet. Er ist in beinahe reinem Profil dargestellt, sein Gesicht ist hell ausgeleuchtet, und in fast reinem Weiß wie die Manschette erscheint der aufgeschlagene Band, den Zola in Händen hält, eine Doppelseite der Zeitschrift *Gazette des Beaux-Arts*, vielleicht die Seiten 190/191 der Nr. 22 von 1867, wo ein Beitrag über Francisco Goya beginnt (Manet Katalog 1999, S. 35). Auf dem Tischchen ist hinter dem Tintenfass und neben der Bücherreihe ein Fächer von Broschüren zu sehen, auf dem vordersten Umschlag lässt sich der Titel *Manet* entziffern, der zugleich als Signatur des Bildes fungiert. Im Rahmen an der Wand stecken drei Abbildungen: zunächst eine Radierung oder eine Lithografie nach *Die Trinker* von Velázquez, dann ein japanischer Farbholzschnitt von Utagawa Kuniaki II. von 1865, der den Sumo-Ringer Onaruto Nadaemon darstellt, und schließlich eine Reproduktion der *Olympia*, von der die beiden anderen Bilder zum Teil verdeckt werden. Alle Figuren in diesen drei Darstellungen blicken auf Zola hinunter, wie man schon vielfach bemerkt hat. Kaum mehr sichtbar im dunklen Grund sind die Pfauenfedern, die vom Fächer der Broschüren aufsteigen, als Auszeichnung über Zolas Kopf schweben und auf den japanischen Paravent mit den Blütenzweigen und dem Vogel hinüberleiten. Tintenfass, Holzschnitt, Pfauenfedern und Paravent weisen Manet als einen frühen Anhänger der japanischen Kunst aus. Darüber hinaus machte sich Manet das flächige Prinzip des japanischen Holzschnitts zu eigen, indem er Figur und Raum in die Fläche brachte.

Zola hatte 1867 in seinem Essay die Auffassung erneuert, ein Bild sei für Manet «ein bloßer Vorwand für eine Analyse». Er habe für *Olympia* eine nackte Frau benötigt, ferner leuchtende Flecken (den Blumenstrauß) und schwarze Flecken (die Dienerin, die Katze). Im Anschluss daran kommt Zola zu der an Manet gerichteten Frage: «Was soll dies alles bedeuten? Sie wissen es nicht so recht und ich auch nicht. Aber ich weiß, dass es Ihnen vortrefflich gelungen ist, das Werk eines Malers, eines großen Malers zu schaffen, was besagen will, die Wahrheiten von Licht und Schatten, die Realität der Dinge und der Lebewesen kraftvoll in eine eigene Sprache zu übersetzen.» (Zola 1988, S. 68) Die künstlerische Entwicklung Manets vom anfänglichen Kopieren zu seiner eigenen Sprache stellt Zola als Hervortreten eines «wirklichen Künstlers» dar. Die Voraussetzung für diese Entwicklung war für Zola das Vergessen von allem, was in den Museen zu sehen und an Ratschlägen zu hören war, um eine «neue, persönliche Auffassung der Natur» zu gewinnen (Zola 1988, S. 55). Dieses Vergessen war Zola so wichtig, dass er es auch von den Betrachtern forderte: «Der Leser muss so verfahren, wie der Künstler selbst vorgegangen ist: er muss die reichen Schätze der Museen und die Anforderungen der sogenannten Regeln vergessen, muss die Erinnerung an die von den toten Malern angehäuften Bilder verscheuchen» und sich von allen kulturellen Zwängen befreien, um «nur noch die Natur [zu] sehen, wie sie ist» (Zola 1988, S. 54).

Das waren erstaunliche Behauptungen angesichts der mannigfachen künstlerischen Bezüge von Manets Gemälden, die der Maler in seinem Porträt Zolas diesem gleichsam als Gegenargument aufzeigt. Die zahlreichen Beziehungen zwischen Manets Bildern und denen anderer Künstler regten denn auch eine ungeheuer große Zahl von kunsthistorischen Studien an, doch nicht immer haben deren Autorinnen und Autoren ihre teils sehr freien Assoziationen einer genaueren Prüfung unterzogen (vgl. Ahrens 2008, S. 58–83). Die moderne Umbesetzung des mythologischen Zitats nach Raffael in *Le Déjeuner sur l'herbe* ist ebenso schwierig zu fassen wie die der Venus mit Victorine Meurent als ausgestellter Kokotte in *Olympia*. Es ist nützlich, in dieser Frage einmal mehr Charles Baudelaire und dessen bekannte Abhandlung «Der Maler des modernen Lebens» heranzuziehen, die schon 1860 verfasst wurde, aber nach vielen Ablehnungen von Seiten der Verleger erst 1863 im *Figaro* publiziert werden konnte. Baudelaire schrieb darin nicht über Manet, obwohl er schon mit ihm befreundet war, sondern über Constantin Guys (1802–1892), den Mode- und Sittenmaler des Second Empire, von dem der Dichter eine große Zahl von Zeichnungen gesammelt hatte (Guys Katalog 2002). Im vierten Kapitel äußert er sich über Guys' Suche nach «Modernität». Es gehe darum, meint Baudelaire, «der Mode das abzugewinnen, was sie an Poetischem im Vorübergehenden enthält, aus dem Vergänglichen das Ewige herauszuziehen» (Baudelaire 1989, Bd. 5, S. 225). Er kritisiert die Neigung der Maler, die Personen in alte oder orientalische Kostüme zu stecken, wie es für Historien- und Genrebilder damals üblich war. Dann folgt die berühmte Umschreibung: «Die Modernität ist das Vergängliche, das Flüchtige, das Zufällige, die eine Hälfte der Kunst, deren andere Hälfte das Ewige und Unwandelbare ist.» (Baudelaire 1989, Bd. 5, S. 225) Wenn das Zufällige, Flüchtige das Zeitgenössische war, etwa die modische Kleidung, was konnte dann für Baudelaire so etwas wie «das Ewige» sein? Man könnte versucht sein, Baudelaires Umschreibung der Kunst mit ihren beiden Hälften bei Manet realisiert zu sehen: in der Kombination von klassisch sanktionierten Figurenkompositionen – Raffael und Tizian – und deren Neubesetzung mit zeitgenössischem Personal – Victorine Meurent anstelle der Nymphe bzw. der Venus, Pseudostudenten anstelle der Flussgötter. Für diesen personellen Austausch wurde der Begriff der Parodie im musikalischen Sinn vorgeschlagen, der die Erhaltung der Melodie unter Austausch des Textes meint und alle Möglichkeiten von Ironie, Überraschung, Verfremdung usw. offenhält (Maurer 1992, S. 149 f.).

Seit den 1870er Jahren hat man nie aufgehört, Manet mit «Moderne» und «Modernität» in Verbindung zu bringen, als

Lob oder Kritik. Zwar hat schon 1873 der Dichter und Schriftsteller Théodore de Banville (1823–1891) seinen Überdruss am Begriff «Modernität» geäußert, den er einen «unentbehrlichen Barbarismus» nannte (Hamilton 1986, S. 172). Zugleich aber gab er Baudelaire in der Wertschätzung von Manet Recht mit der Begründung, dieser geduldige und feinfühlige Künstler sei vielleicht der Einzige, in dessen Werk man wie in Baudelaires Gedichtsammlung *Die Blumen des Bösen* das kluge Gefühl für «das moderne Leben» entdecken könne. «Manet und Modernität» ist mit der Zeit ein unauflösbares Amalgam geworden, besagt aber nur mehr wenig, zumal «Moderne» schon lange fast beliebig als lobende Auszeichnung für alle möglichen künstlerischen Produktionen seit dem Beginn des 19. Jahrhunderts verwendet wird. «Modern» gilt als Synonym für «aktuell», «fortschrittlich», «zeitgemäß», «nicht traditionsorientiert» oder «zukunftsgerichtet». Der Ausdruck ist positiv besetzt, seit Giorgio Vasari (1511–1574) eine dritte Epoche der Kunstentwicklung – es war seine eigene – angesetzt und deren Stil «modern» genannt hat. Damit überantwortete er den spröden und groben Stil des 15. Jahrhunderts der Vergangenheit, während dem modernen Stil die Gegenwart gehörte.

Wie die meisten Maler des 19. Jahrhunderts hat sich Manet auf den in der Mitte des 18. Jahrhunderts vollzogenen Wandel des Kunstsystems eingestellt: Damals wurden die Ausstellungen als privilegierter Ort für die Präsentation neuer Kunstwerke institutionalisiert. Damit zogen sich die Auftraggeber hinter die Kunstpräsentation zurück. Das Ausstellen beförderte die Konkurrenz unter den Künstlern, zunächst wegen der Auswahl durch eine Jury, dann durch die günstige oder ungünstige Hängung der Werke und schließlich durch die Beurteilung der Bilder durch das Publikum und die Kritik. Auch die öffentliche Kritik etablierte sich in der Mitte des 18. Jahrhunderts und propagierte ihr Urteil als dasjenige des Publikums. Die Künstler hatten zu lernen, mit welchen Mitteln sie den Besuchern der Ausstellungen gefallen könnten und wie sie mit den Kritikern umzugehen hatten. Dabei mussten die Künstler alles tun, um die öffentliche Aufmerksamkeit auf sich zu ziehen und allgemeinen

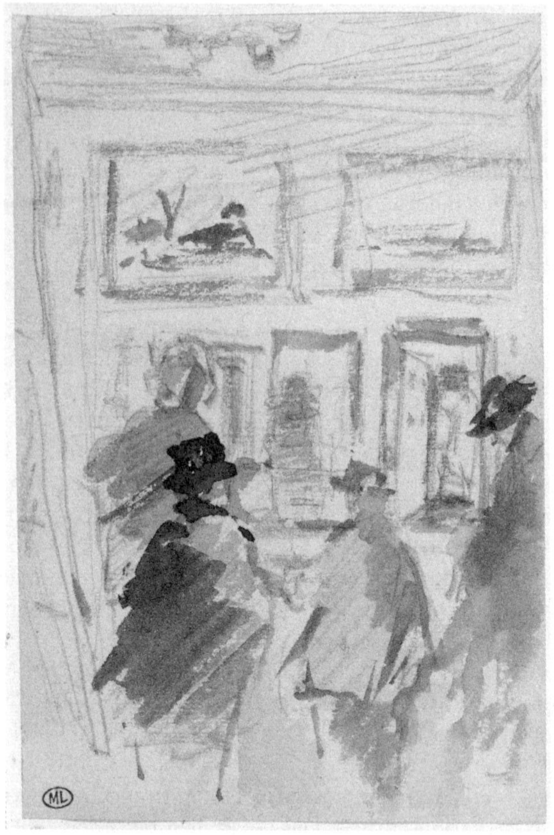

13 Edouard Manet, ***Die Bilderausstellung***, 1876 (?), Grafit, aquarelliert, 14 x 9 cm, Louvre, Département des arts graphiques

Beifall zu erhalten, sei es mit patriotischen Sujets, mit der Darstellung sensationeller Ereignisse oder mit politischen Skandalen, sei es mit einer neuartigen, noch nie da gewesenen Malweise. Zudem begriffen sie, dass sie Publizisten brauchten, die für sie eintreten und sie notfalls gegen feindliche Medien und die öffentliche Meinung verteidigen konnten.

Der für die Kunstinstitutionen und die Regierung höchst unbequeme Maler Gustave Courbet hatte in den 1850er Jahren erfolgreich gegen die Bastion der Akademie und die Jury des Salons angekämpft. 1855 hatte er während der ersten Weltausstellung in Paris sowohl an der offiziellen Ausstellung im Palais des Beaux-Arts teilgenommen wie auch in einem separaten Pavillon seine eigene Einzelausstellung *Le Réalisme* veranstaltet. Die Einzelausstellung, die Manet 1867 während der zweiten Weltausstellung in Paris zeigte, folgte dem Beispiel von Courbet. Manet hatte allen Grund zu der Befürchtung, dass ihm die Jury der offiziellen Kunstausstellung wieder Schwierigkeiten bereiten würde wie schon mehrmals zuvor. Auch Courbet veranstaltete 1867 während der Weltausstellung wieder seine eigene Präsentation. Das Vorwort zu Manets Katalog, aus dem weiter oben bereits zitiert wurde, erläutert perfekt die Motive eines damaligen Ausstellungskünstlers.

Eine aquarellierte Zeichnung (Abb. 13), die nach 1873 entstand, bestätigt erneut Manets Interesse an der Ausstellungssituation und an der Darstellung des Publikums. An der Wand ist Manets Gemälde *Am Strand* zu erkennen, das im Sommer 1873 ausgeführt wurde (Manet Katalog 1983, Nr. 135, 136). Die Zeichnung gibt wohl nicht eine Situation im Salon wieder, denn *Am Strand* wurde der Jury nie vorgelegt. Hingegen veranstaltete Manet im April 1876, nachdem seine beiden für den Salon eingereichten Bilder zurückgewiesen worden waren, in seinem Atelier in der Rue de Saint-Pétersbourg eine private Ausstellung, die unglaubliche viertausend Besucher angezogen haben soll.

4. Konflikte: Ein politischer Künstler im Zweiten Kaiserreich

1870 malte Fantin-Latour für den Salon das Gruppenbild *Ein Atelier in den Batignolles* (Abb. 14) – das Quartier Batignolles befindet sich nördlich des Bahnhofs Saint-Lazare. Das Gemälde zeigt den umstrittenen und verehrten Edouard Manet und einige seiner Freunde (Fantin-Latour Katalog 1982, Nr. 73). Manet wird als gewissenhafter Porträtmaler dargestellt, der mit dem Bildnis seines Freundes Zacharie Astruc beschäftigt ist. Von der Leinwand ist nur die Rückseite, nicht aber die Bildseite sichtbar. An der Wand hinten befindet sich ein leeres Bild, dessen Rahmen den Kopf des Malers Auguste Renoir (1841–1919) umschließt. Hinter Manet steht der deutsche Maler Otto Scholderer (1834–1902), und hinter Astruc bilden Emile Zola, Edmond Maître (1840–1898), dessen Freund Frédéric Bazille (1841–1870) und Claude Monet eine Gruppe. Das angeschnittene Bild links ist nicht entzifferbar, auf dem rot verhängten Tisch darunter finden sich eine Statuette der griechischen Göttin Athena, der Beschützerin der Künste, und ferner eine in japanischem Stil dekorierte Vase. Das Gemälde war dazu bestimmt, im Salon von 1870 die Harmlosigkeit jenes Malers zu demonstrieren, der verdächtigt wurde, auf Skandalerfolge zu spekulieren (Hamilton 1986, S. 38–80). Zugleich sollte Manet dem Publikum im Kreis seiner Freunde gezeigt werden, wie ihn Zola 1867 beschrieben hatte. Dass es um eine Art bürgerliche Heiligsprechung ging, begriff der Karikaturist Bertall (Pseudonym für Charles Albert d'Arnoux, 1820–1882) sofort; er verlieh Manet das lächerlichste aller Attribute, den Nimbus, und gab die Gruppe als Jesus und seine Jünger dem Spott preis (Abb. 15). Doch die Vorstellung von Manet als Porträtmaler im Kreis seiner Freunde diente 1870 einer öffentlichen Verteidigung im Salon gegenüber der staatlichen Administration, die

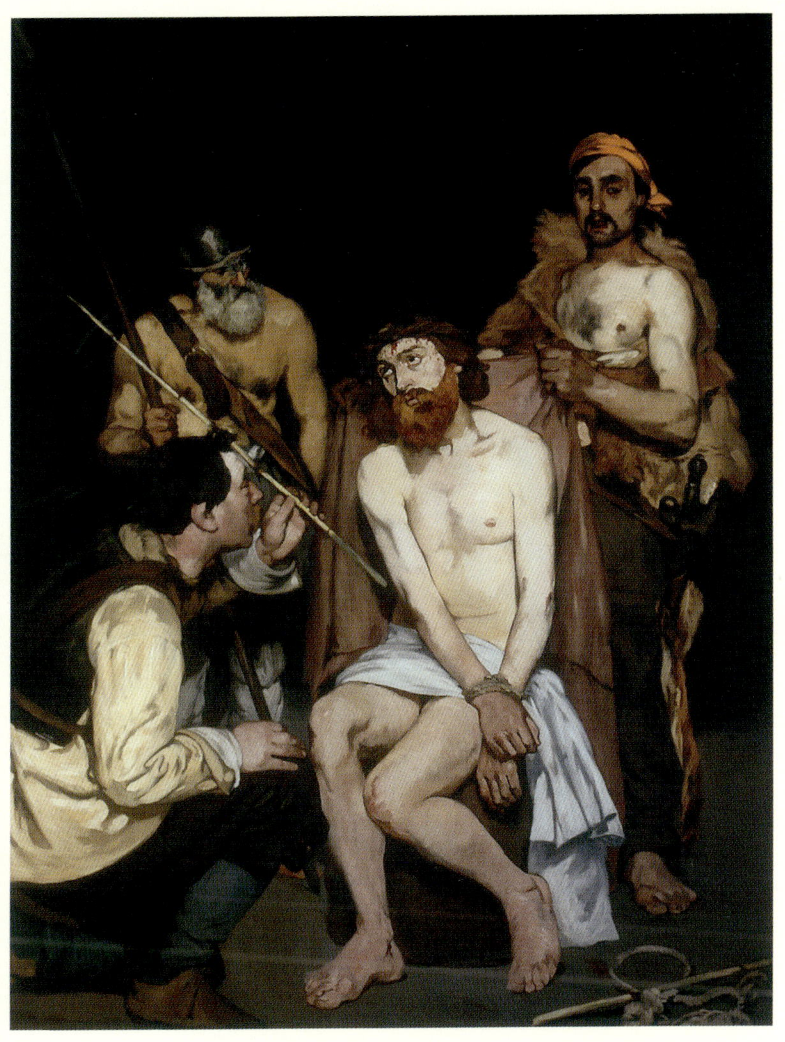

4 Edouard Manet, ***Jesus wird von den Soldaten verspottet***, 1865, Öl/Lw., 191 x 148 cm, Chicago, The Art Institute

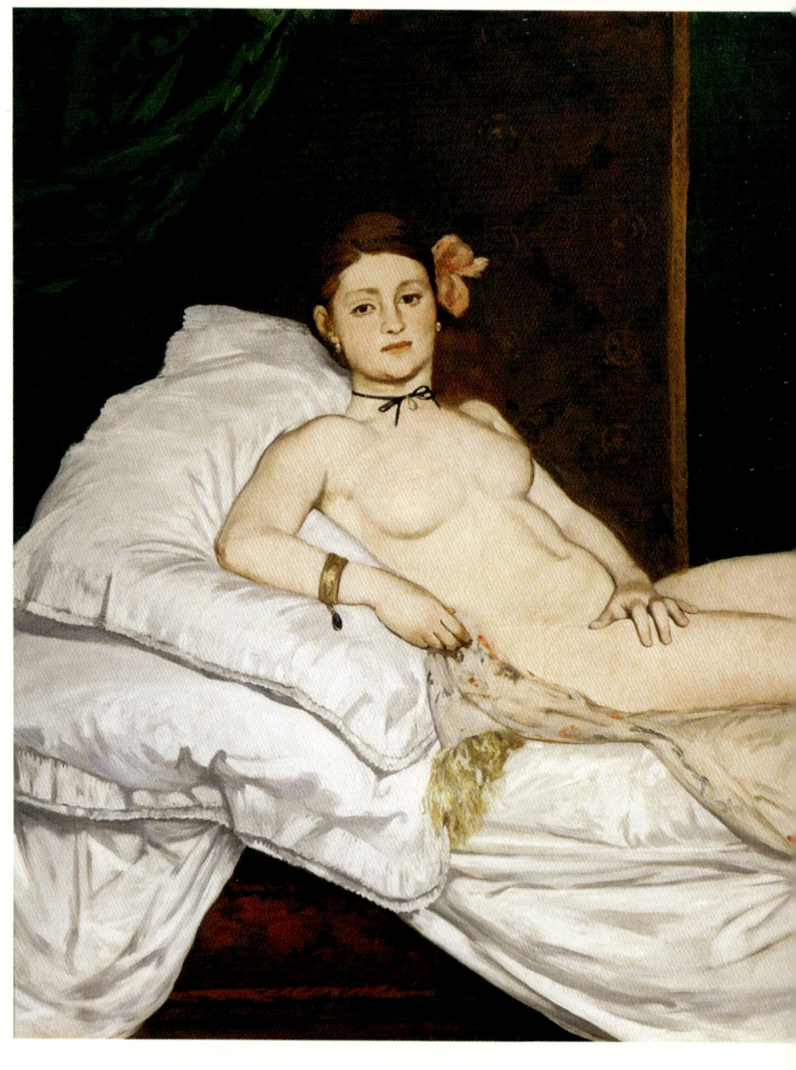

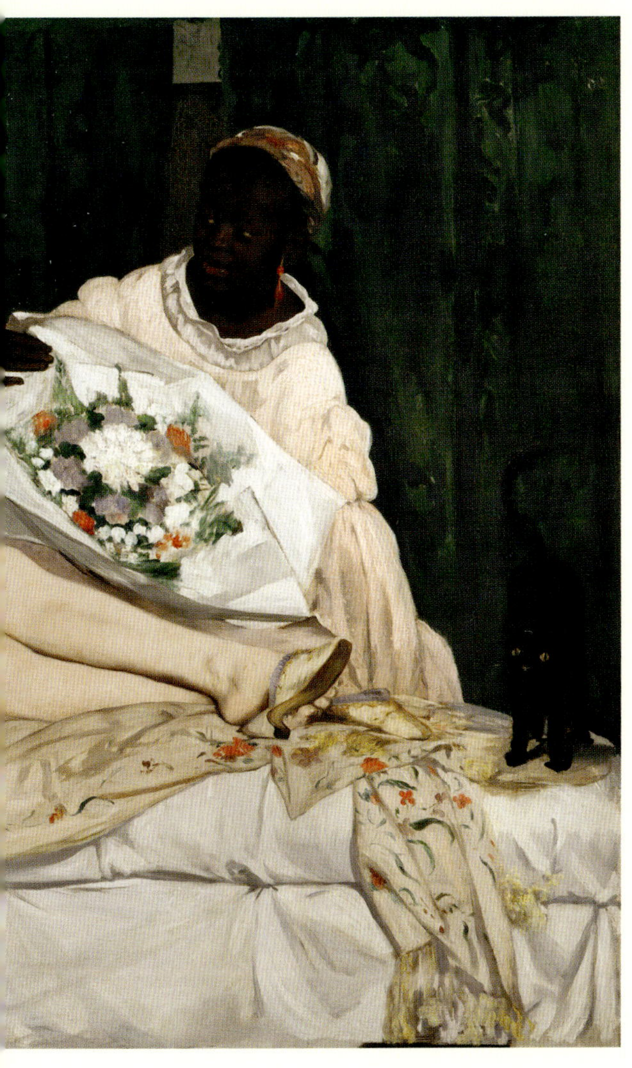

5 Edouard Manet, ***Olympia***, 1863, Salon von 1865, Öl/Lw., 130 x 190 cm, Paris, Musée d'Orsay

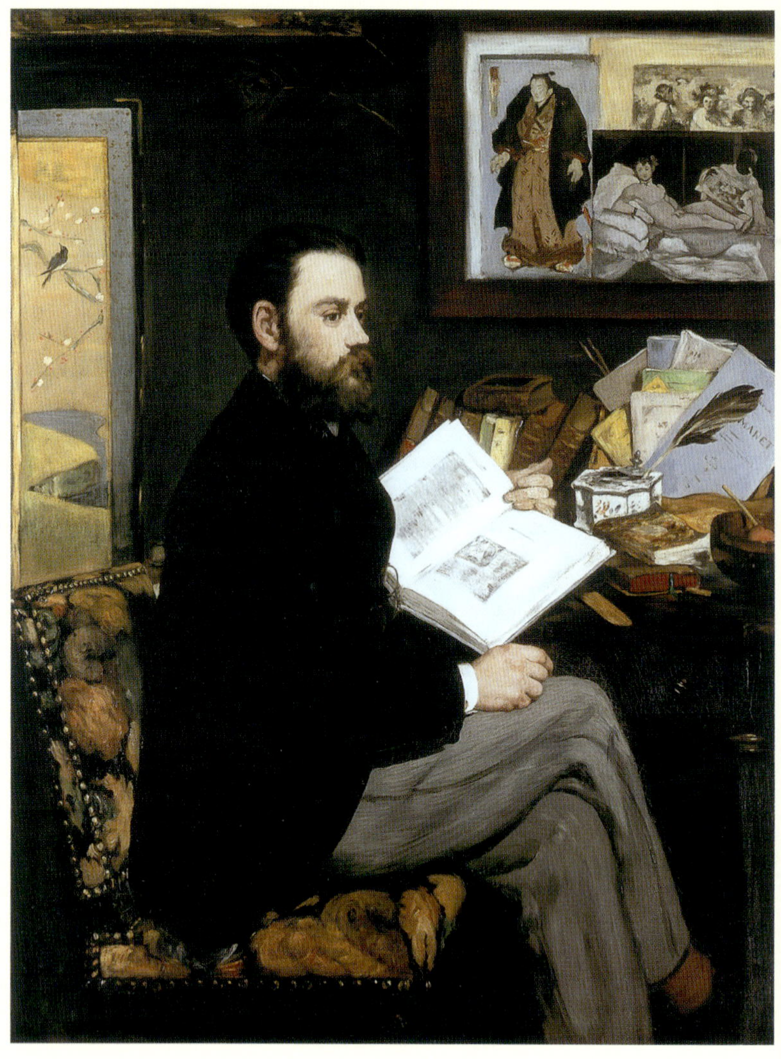

6 Edouard Manet, ***Bildnis Emile Zola***, 1868, Öl/Lw., 146 x 114 cm, Paris, Musée d'Orsay

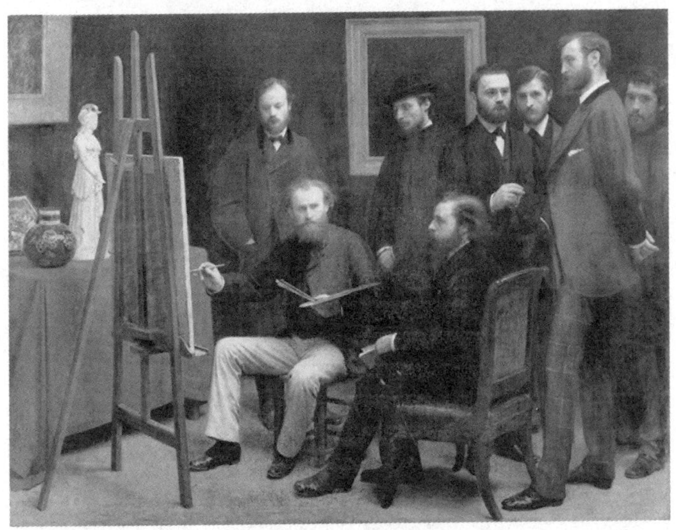

14 Henri Fantin-Latour, ***Ein Atelier in den Batignolles***, 1870, Öl/Lw., 204 x 273 cm, Paris, Musée d'Orsay

dem Maler Zensurmaßnahmen angedroht und ein Publikationsverbot ausgesprochen hatte.

Man muss sechs Jahre zurückgehen, um den Kontext von Fantin-Latours Gemälde zu erschließen. Die Angelegenheit nahm 1864 ihren Anfang mit einem Ereignis des amerikanischen Bürgerkriegs zwischen den Nord- und den Südstaaten. 1864 stellte Manet die Seeschlacht zwischen dem Kriegsschiff *Kearsarge* der amerikanischen Nordstaaten und der *Alabama* der Südstaaten vor dem Hafen des französischen Cherbourg dar (Taf. 7). Das Gemälde zeigt, wie die *Kearsarge* am 19. Juni 1864 die *Alabama* versenkt. Deren Kapitän hatte sich gerühmt, seit dem Ausbruch des Sezessionskrieges fünfundsechzig unbewaffnete Handelsschiffe der Nordstaaten vor den Küsten Europas gekapert zu haben. Die *Kearsarge* hatte den Auftrag, diesem Treiben ein Ende zu machen (Manet Katalog 1983, Nr. 83, Rubin 2010, S. 222). Sie traf am 14. Juni vor Cherbourg ein und verwickelte die *Alabama*, die den Hafen für die Überholung aufgesucht hatte, in internationalen Gewässern in ein Seegefecht, das nach einer Stunde mit dem Untergang der *Alabama* endete. 1869 machten die Vereinigten Staaten nach dem Ende des Sezessionskriegs Großbritannien für die Schäden verantwortlich, die von den Schiffen verursacht worden waren, welche England an die Südstaaten geliefert und während des Krieges weiter versorgt hatte. Großbritannien wurde 1872 in Genf von einer internationalen Jury zur Zahlung von 15,5 Millionen US-Dollar verurteilt.

Manet arbeitete vielleicht mit Fotografien, aber Duret schrieb ausdrücklich, der Maler sei an Bord eines Lotsenschiffes Augenzeuge des Kampfes geworden (Duret 1910, S. 107). Manet zeigt den dramatischen Moment des Sinkens der *Alabama*, die von grauem Rauch fast verhüllt ist, nicht anders als die *Kearsarge* am Horizont. Rechts ist ein britisches Dampfboot zu sehen, und links vorne segelt ein französisches Boot zur Rettung der Seeleute von der *Alabama*. Rechts neben der französischen Schaluppe klammert sich ein Schiffbrüchiger an eine Planke oder ein Maststück. Manet gibt einen leicht erhöhten Standort vor, von dem aus das Geschehen genau überblickt werden kann. Der Schauplatz, das bewegte Meer, ist in unergründlichem schwärzlichen Grün über zwei Drittel der Bildfläche hochgezogen. Die Seeschlacht war eine Attraktion für Hunderte von Schaulustigen (Rubin 2010, S. 222) und ein großes Medienereignis. Den Sieg der *Kearsarge* und den Untergang der *Alabama* darzustellen, war jedoch ein Akt der Ignoranz gegenüber dem französischen Kaiser, der sich auf die Seite der Südstaaten gestellt hatte. Manet malte das sensationelle Ereignis mit äußerster Geschwindigkeit und stellte das Bild bereits um die Mitte des Juli 1864 im Schaufenster der Galerie von Alfred Cadart aus.

Eine eindeutige Provokation unternahm Manet dann in den Jahren 1867–1869. Sie stand im Zusammenhang mit dem Engagement von Napoléon III. in Mexiko und der Weltausstellung 1867 in Paris. Napoléon III. gedachte, sich 1867 von der ganzen Welt mit der zweiten Weltausstellung in Paris feiern zu lassen. Doch traf während der Feierlichkeiten die Nachricht von der Hinrichtung Maximilians von Österreich (1832–1867) ein,

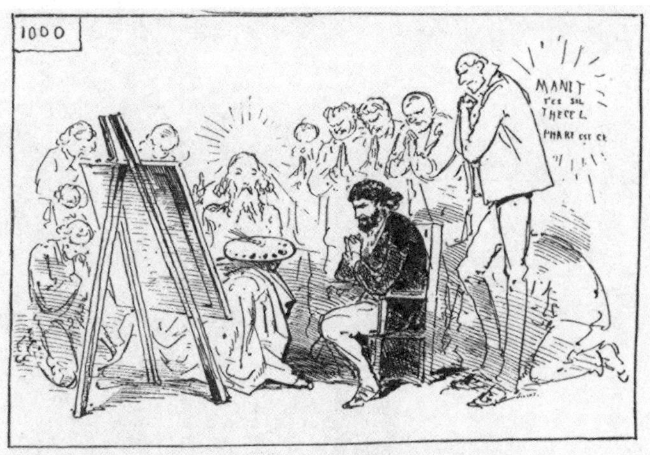

JÉSUS PEIGNANT AU MILIEU DE SES DISCIPLES, OU LA DIVINE ÉCOLE DE MANET, TABLEAU RELIGIEUX PAR FANTIN-LATOUR

« En ce temps-là, J. Manet dit à ses disciples : En vérité, en vérité, je vous le dis, Celui qui a ce truc pour peindre est un grand peintre. Allez et peignez, et vous éclairerez le monde, et vos vessies seront des lanternes. »

15 Bertall, ***Jesus und seine Jünger oder die göttliche Schule von Manet***, in: *Le Journal amusant*, 21. Mai 1870

des Bruders von Kaiser Franz Joseph I. Aus weltpolitischem Größenwahn, aus Gier nach Gold und für die Tilgung von Schulden, die mehrere europäische Staaten Mexiko verbrecherisch zugefügt hatten, hatte Napoléon III. einen Feldzug nach Mexiko unternommen und 1864 den Habsburger Maximilian als Kaiser einsetzen lassen. Dabei nutzte er die Tatsache aus, dass der Sezessionskrieg die Vereinigten Staaten außenpolitisch handlungsunfähig machte. Doch nach dem Ende des Bürgerkriegs 1865 erneuerten die Vereinigten Staaten die Monroe-Doktrin, nach der sich fremde Mächte in Amerika nicht einzumischen hatten, und unterstützten den gewählten mexikanischen Präsidenten Benito Juárez (1806–1872). Napoléon III. war gezwungen, sein Militär abzuziehen, und die Truppen von Benito Juárez nahmen Kaiser Maximilian 1867 gefangen. Der Präsident und der Kaiser hatten jeweils die Parteigänger der

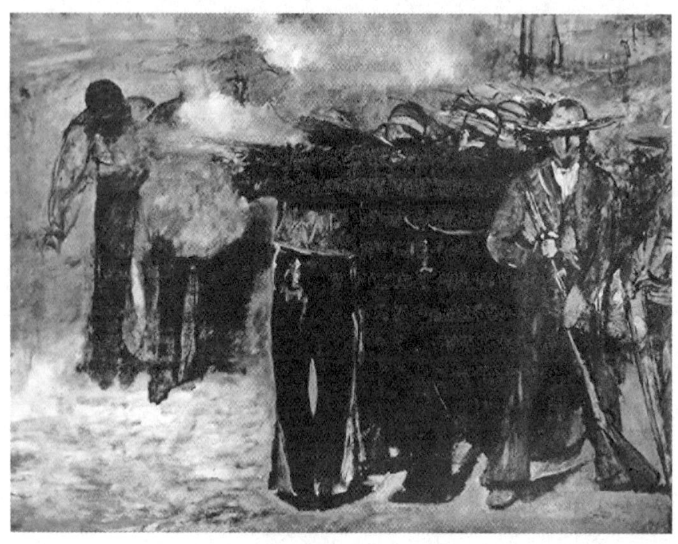

16 Edouard Manet, ***Die Erschießung Kaiser Maximilians***, 1867, Öl/Lw., 96 x 260 cm, Boston, Museum of Fine Arts

gegnerischen Seite mit dem Tod bedroht. Nach dem gerichtlich verhängten Todesurteil fand die Hinrichtung von Maximilian und zweien seiner Generäle am 19. Juni 1867 in Quéretaro statt.

Vergeblich versuchte Napoléon III. in Paris, die Verbreitung der Nachricht aus Mexiko zu verhindern. Außerhalb von Frankreich wurde der französische Kaiser einhellig als Aggressor Mexikos und als Verräter des von ihm eingesetzten Maximilian verurteilt. Ein anonymer Bericht eines französischen Marineoffiziers hielt sogar fest: «Die Grundlage der französischen Intervention in Mexiko war ein Unrecht. Ihr Ende war eine Katastrophe.» Die Katastrophe betraf zunächst Maximilian, aber die Intervention Frankreichs in Mexiko hatte außerdem in Europa ein Machtvakuum verursacht, das Otto von Bismarck (1815–1898) zum Aufstieg Preußens nutzte. Dies führte zur nächsten Katastrophe, dem Deutsch-Französischen Krieg von 1870/71, der zu den Ursachen von Europas Unter-

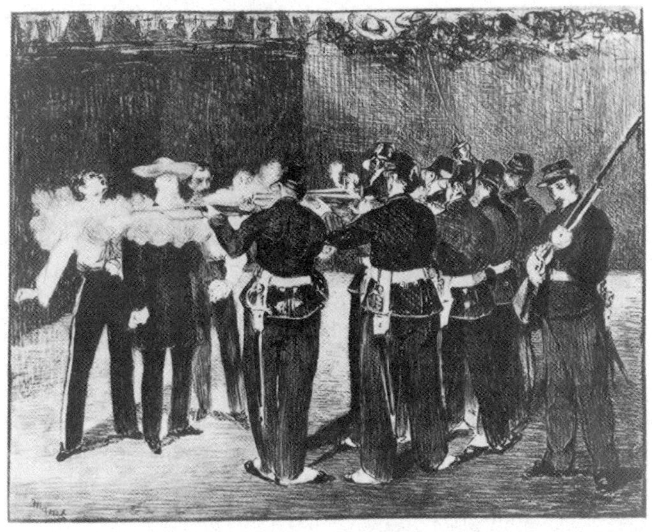

17 Edouard Manet, ***Die Erschießung Kaiser Maximilians***, 1868, gedruckt 1884, Lithografie, 33 x 43 cm, Mannheim, Kunsthalle

gang im Ersten Weltkrieg gezählt werden muss (Bätschmann 1993, Manet Katalog 2006).

Manet griff die sensationelle Nachricht von der Hinrichtung Maximilians unmittelbar nach dem Bekanntwerden in Paris auf und malte sofort eine großformatige Darstellung des Geschehens, vielleicht in der Absicht, seiner wenig erfolgreichen Einzelausstellung an der Place de l'Alma eine Attraktion zu verschaffen. In der ersten Version (Abb. 16) zeigte er ein mexikanisches Exekutionskommando in Schlaghosen und Sombreros, womit er der in Frankreich propagierten Auffassung von den Mexikanern als einer Räuberbande folgte. Als im Herbst 1867 Einzelheiten und Dokumente von der Hinrichtung bekannt wurden, musste man jedoch betroffen zur Kenntnis nehmen, dass die Truppen von Benito Juárez keineswegs wie mexikanische Räuber auftraten, sondern Uniformen trugen, die jenen der französischen Armee ähnlich waren. Manet korrigierte die Kostümierung des Exekutionskommandos in der zweiten Fassung, die ihn vom September 1867 bis zum März 1868 beschäftigte (Manet Katalog 1992, Abb. 9). Danach bereitete er in kleinerem Format die letzte, großformatige Fassung (Taf. 8) vor. Mit der Datierung «19 Juin 1867», die sich auf das Ereignis, nicht auf die Ausführung des Gemäldes bezieht, gab Manet der Konstruktion einer Augenzeugenschaft Ausdruck. Seine Darstellung des Geschehens änderte gegenüber den Dokumenten die Aufstellung der drei Verurteilten, indem sie Maximilian zwischen den beiden Generälen positionierte. Maximilian erhielt eine mexikanische Kopfbedeckung, und aus dem Rand des Sombrero formte Manet einen hellen Ring um den Kopf des Kaisers. Die äußerst kurze Distanz zwischen dem Exekutionskommando und den Verurteilten entsprach weder den Gepflogenheiten noch den Tatsachen, sondern der Notwendigkeit der Komposition. Zudem führte Manet in der letzten Version und in der Lithografie des Gemäldes (Abb. 17) über der Mauer Zuschauer ein.

Das Innenministerium untersagte im Januar 1869 den Druck dieser Lithografie und teilte Manet zugleich mit, das Gemälde werde vom Salon dieses Jahres ausgeschlossen werden. Napoléon III. hatte zwar 1867 eine Reform der Presse- und Versammlungsfreiheit angekündigt, doch kam es zu keiner tatsächlichen Liberalisierung der Pressegesetze von 1852. Emile Zola riet Manet zum Gang an die Öffentlichkeit und stellte selbst in *La Tribune* vom 4. Februar 1869 die Frage, warum die Zensur populäre Drucke der Hinrichtung zulasse, aber Manets Lithografie unterdrücke. Die Auflösung des Rätsels war nach Zola die folgende: «Als ich einen Druck der beanstandeten Lithografie betrachtete, stellte ich fest, dass die Soldaten, die Maximilian erschießen, Uniformen tragen, die fast identisch sind mit den Uniformen unserer Truppen. Die unseriösen Künstler kleiden die Mexikaner in Operettenkostüme; Manet, der die Wahrheit über alles liebt, hat die wirkliche Bekleidung gezeichnet, die stark an die Uniformen der Chasseurs von Vincennes erinnert. Sie verstehen das Erschrecken und den Zorn der Herren Zensoren. Was denn! Ein Künstler wagte es, ihnen eine grausame Ironie vor die Augen zu bringen, Frankreich erschießt Maximilian!»

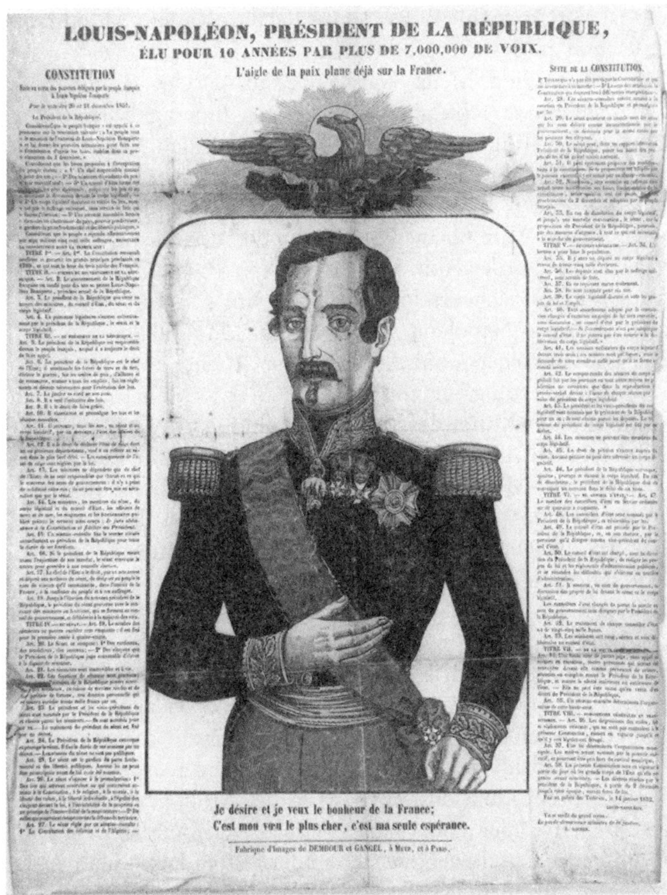

18 ***Louis-Napoléon, Président de la République,***
Plakat zur Publikation der Verfassung vom 14. Januar 1852,
Metz, Musée d'Art et d'Histoire

Manet zeigt in der finalen Version in der Mitte das im Halbkreis aufgestellte Exekutionskommando, links die Gruppe von Maximilian und den Generälen Miramón und Mejía und rechts einen Unteroffizier, der eine Ladehemmung behebt. Festgehalten ist der Augenblick der Schussabgabe, wie am Mündungsfeuer und am Rauch zu erkennen ist. Berichten zufolge wurden Maximilian und Mejía von den Schüssen des Kommandos zwar niedergestreckt, aber nicht getötet. Ihnen gab der Unteroffizier den Todesschuss. Der Unteroffizier, den Manet rechts im Bild darstellte, weist eine nicht zu verkennende Ähnlichkeit mit einem frühen Porträt von Louis Napoléon auf, das nach dessen Wahl für die Publikation der Verfassung von 1852 verwendet wurde (Abb. 18). Damit hat Manet Zolas Bemerkung «Frankreich erschießt Maximilian!» schon zuvor präziser gefasst: Napoléon III. erschießt Maximilian. Ein Porträt des Herrschers ohne Auftrag oder Genehmigung auszuführen, war allerdings gefährlich, und so griff Manet wie zuvor Courbet zum Mittel des versteckten Bildnisses. Courbet hatte Napoléon III. in seinem Gemälde *Das Atelier des Malers* von 1855 (Paris, Musée d'Orsay) als Wilderer verkleidet unter die Ausbeuter der Gesellschaft eingereiht. Manet konzentrierte sich auf die Augenbrauen und die Barttracht, um eine Ähnlichkeit zwischen dem Unteroffizier und dem Plakat von 1852 herzustellen.

Dass Manet sich für seine Darstellung der Hinrichtung von Maximilian an Francisco de Goyas Gemälde *Die Erschießungen des 3. Mai 1808* orientiert habe, ist schon vielfach beobachtet worden. Manet kann das Bild während seines Aufenthalts in Madrid 1865 gesehen haben; zudem wurde 1867 eine Holzstichreproduktion (Abb. 19) in der Monografie über den spanischen Maler von Charles Yriarte veröffentlicht. Für die Gruppe der Zuschauer, die sich in der letzten Fassung über der Mauer zeigt, dürfte Manet von Stierkampfdarstellungen Goyas ausgegangen sein (Bätschmann 1993, S. 63–67, Rubin 2010, S. 226 f.). Manet hat selbst mehrfach Stierkampfszenen ins Bild gesetzt, auch bevor er in Madrid Augenzeuge solcher Kämpfe geworden war. Von Madrid schrieb er an Charles Baudelaire, der Stierkampf sei «eines der schönsten, der interessantesten und der schrecklichsten Spektakel». 1865/66 malte er drei Szenen davon. Die Fassung, die sich heute im Art Institute von Chicago befindet (Abb. 20), zeigt die Arena als helle Fläche, die

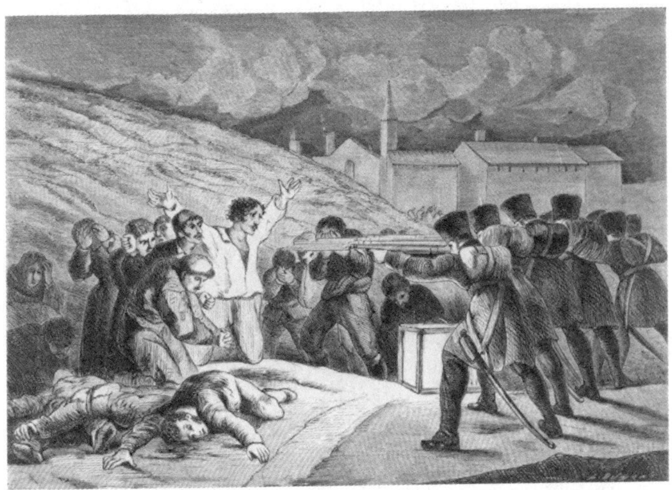

19 Francisco de Goya, ***Die Erschießungen des 3. Mai 1808***, Holzstich nach dem Gemälde von 1814, in: Charles Yriarte, *Goya*, Paris: Plon, 1867

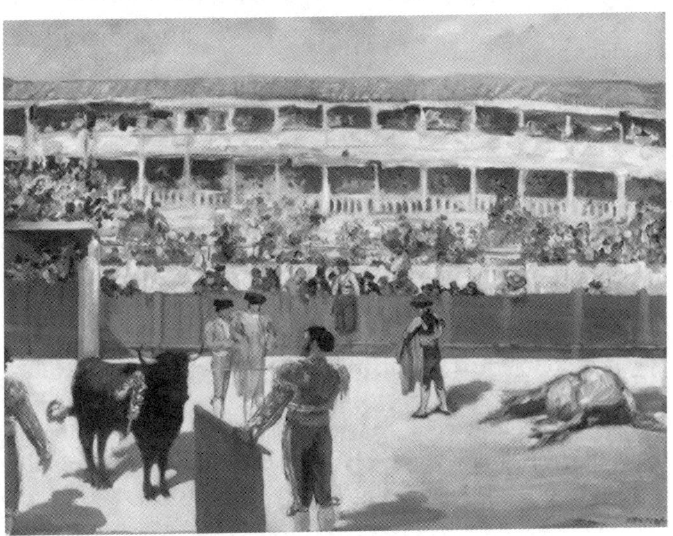

20 Edouard Manet, ***Stierkampf***, 1865/66, Öl/Lw., 48 x 61 cm, Chicago, The Art Institute

von der horizontal durchgezogenen Abschrankung abgeschlossen wird, hinter der die gestaffelten Reihen des Publikums zu sehen sind. Im Vordergrund steht der Matador mit der roten Muleta und dem Degen, links von ihm wartet der schwarze Stier, rechts liegt ein getötetes Pferd, und einige Picadores und Banderilleros beobachten den Beginn der bevorstehenden rituellen Tötung des Stieres.

Wie aber sind die Übereinstimmungen zwischen dieser Darstellung eines Stierkampfs und der letzten Fassung von *Die Erschießung Kaiser Maximilians* zu werten? Der Ort des Geschehens ist hier wie dort von einer bildparallel geführten Abschrankung oder Mauer begrenzt, über der sich das Publikum zeigt. Ist der Schauplatz in beiden Gemälden eine Arena? Wird in beiden Fällen der Vorgang einer rituellen Tötung vorgeführt? Auffällig ist, wie geordnet und emotionslos die Hinrichtung von Maximilian und seinen Generälen dargestellt ist, wie sauber die Uniformen und die weißen Gamaschen sind, wie schmuck die weißen Gürtel mit den Paradesäbeln sich ausnehmen und wie direkt über Maximilian und den Generälen ein Friedhof platziert ist.

Ist es Ironie? Ein tragisches geschichtliches Ereignis – als Schaustück rekonstruiert? Zola rühmte Manet dafür, die Wahrheit über alles zu lieben. Dieser behauptete im Katalog zu seiner Ausstellung von 1867 ganz ähnlich: «Der Künstler sagt heute nicht: Kommt und seht euch makellose Werke an, sondern: Kommt und schaut euch ehrliche Werke an. Die Ehrlichkeit bewirkt, dass die Werke einen Charakter erhalten, durch den sie einer Protestaktion ähnlich werden, während der Künstler ausschließlich bestrebt war, seinen Eindruck wiederzugeben. Manet hatte niemals die Absicht, Protest zu erheben.» (Manet Katalog 1867, S. 5) Manet beanspruchte für sich «sincérité» – was Ehrlichkeit, Aufrichtigkeit und Echtheit umfassen kann. Für ein Werk wie *Die Erschießung Kaiser Maximilians* bedeutete dies, sachliche Richtigkeit der Rekonstruktion mit künstlerischer Verantwortung zu verbinden. *Sincérité* schloss auch die Handschrift des Malers ein, betraf also auch die sichtbare Pinselarbeit.

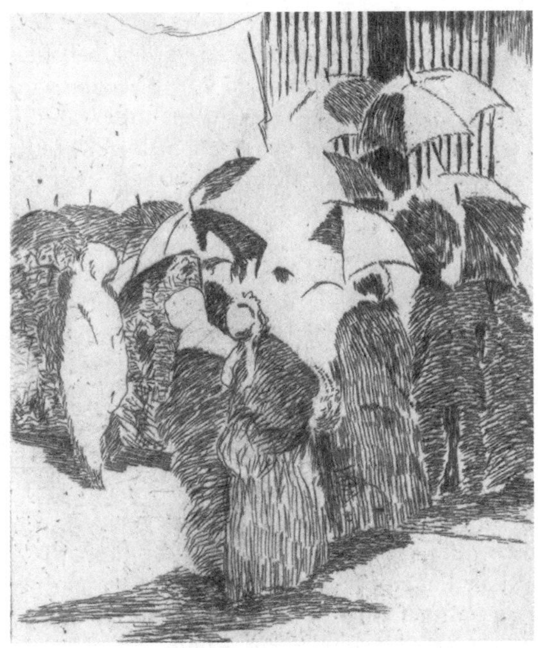

21 Edouard Manet, ***Die Schlange vor der Metzgerei***, 1870/71, Radierung, 24 x 16 cm, Art Institute of Chicago, The Clarence Buckingham Collection

Manets Gemälde von der Erschießung des Kaisers Maximilian durfte in Frankreich nicht gezeigt und die Lithografie nicht gedruckt werden. Manet stellte aber die letzte der vier gemalten Versionen 1879 in New York und Boston aus. Die Ausstellung kam durch die Sängerin Emilie Ambre (1854–1898) zustande, die das Gemälde auf ihre Tournee in die Vereinigten Staaten mitnahm. 1880 hat Manet sie in der Rolle der Carmen in der gleichnamigen Oper von Georges Bizet porträtiert (Manet Katalog 2011, Abb. 195). In Frankreich blieb das Thema Maximilian selbst nach der Absetzung von Napoléon III. 1870 unbeliebt. Keine einzige von Manets vier gemalten Darstellungen der Hinrichtung befindet sich heute in Frankreich. Die erste Version ging 1909 nach Boston, die Rekonstruktion der zweiten, die Léon Leenhoff zerschnitten hatte und deren Fragmente von Edgar Degas wieder aufgefunden wurden, befindet sich in der National Gallery in London, die kleine Version wird in der Ny Carlsberg Glyptothek in Kopenhagen aufbewahrt, und die letzte Fassung wurde 1910 von Mannheimer Kunstfreunden für die 1909 eröffnete Mannheimer Kunsthalle erworben. Vermittler war der bekannte Kunsthistoriker Julius Meier-Graefe (1867–1935), Anbieter die Berliner Kunsthandlung Paul Cassirer im Auftrag der Galerie Bernheim-Jeune in Paris.

Im Juli 1870 provozierte der preußische Ministerpräsident Otto von Bismarck mit der beleidigenden «Emser Depesche» die leichtfertige Kriegserklärung von Seiten Napoléons III. Dieser wurde nach der Niederlage von Sedan am 1. September 1870 auf Schloss Wilhelmshöhe in Kassel gefangen gesetzt. Aus Angst vor dem preußischen Vormarsch hatte Manet seine Familie in die Pyrenäen geschickt und seine Gemälde in Sicherheit gebracht. Wie Edgar Degas diente er in der Artillerie der Nationalgarde bei der Verteidigung von Paris. In dieser Zeit fertigte er eine Radierung mit Frauen, die im Regen vor einer Metzgerei warten und auf ein Stück Fleisch hoffen (Abb. 21). Im Januar 1871 wurde der preußische König Wilhelm im Schloss Versailles von Bismarck zum Deutschen Kaiser proklamiert – eine weitere gezielte Demütigung Frankreichs, da dort im September 1870 die Dritte Republik ausgerufen worden war. Im Februar 1871 begab sich Manet zu seiner Familie in den Süden und kehrte erst Ende Mai/Anfang Juni nach Paris zurück. In der Zwischenzeit war in Paris am 18. März die Kommune ausgerufen und noch vor Manets Rückkehr in der «blutigen Woche» von Ende Mai durch Regierungstruppen grausam niedergeschlagen worden. Die Kommunarden, die nicht im Kampf gefallen waren, wurden standrechtlich exekutiert. Manet war nicht Augenzeuge der Hinrichtungen, zeichnete aber die Erschießung dreier Kommunarden durch die Nationalgarde auf der Vorlage der verbotenen Lithografie *Die Erschießung Kaiser Maximilians* (Manet Katalog 1983, Nr. 124). Das vielleicht geplante Gemälde konnte Manet aus gesundheitlichen Gründen nicht ausführen. Doch entstand nach dem zeichnerischen Ent-

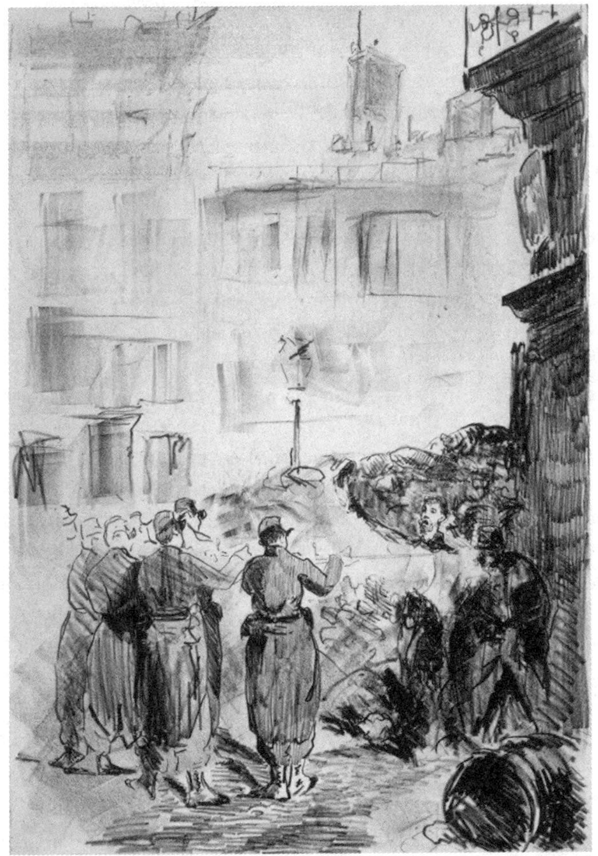

22 Edouard Manet, ***Die Barrikade***, 1871, Lithografie, 47 x 33 cm, London, British Museum, Department of Prints and Drawings

wurf eine Lithografie mit der standrechtlichen Hinrichtung von Kommunarden (Abb. 22).

Einer der prominenten politischen Gegner von Napoléon III., der Journalist Henri Rochefort (1839–1913), dessen Zeitung nach dem französischen Verbot 1868 in Brüssel erschien, betätigte sich in der Kommune, wurde 1873 verurteilt und in die französische Strafkolonie nach Neu-Kaledonien im südlichen Pazifik deportiert. Dort gelang ihm 1874 eine spektakuläre Flucht nach London, von wo aus er nach seiner Amnestie 1880 nach Paris zurückkehrte. Manet malte Rocheforts Porträt (Hamburg, Kunsthalle) und zwei Varianten seiner Flucht. Anfang Dezember 1880 berichtete er dem befreundeten Stéphane Mallarmé einige Einzelheiten: «Gestern habe ich Rochefort gesehen. Der kleine Kahn, den sie verwendet haben, war ein Walfängerboot. Seine Farbe war dunkelgrau. Sechs Personen, zwei Ruder.» Und Claude Monet schrieb einige Tage später an Manets Freund Théodore Duret: «Ich habe Manet gesehen, wohlauf, sehr beschäftigt mit einem Sensationsbild für den Salon, die Flucht von Rochefort in einem Boot auf hoher See.» (Tabarant 1947, S. 403)

Die Flucht auf bewegter See zum weit hinten am Horizont wartenden Schiff entspricht einer dramatisierenden Regie und weniger den tatsächlichen Umständen der nächtlichen Flucht zum Handelshafen der Insel. In der Version im Kunsthaus Zürich zeigt Manet Rochefort am Steuerruder eines kleinen Bootes, mit dem die Überfahrt sich als kühnes Wagnis darstellen ließ. Wie in seinen anderen Seestücken ist eine Aufsicht wiedergegeben und die bewegte Meeresfläche in Schwarz, Weiß und Grünblau weit nach oben gezogen. In der Fassung, die sich heute im Musée d'Orsay in Paris befindet (Taf. 9), ist das Boot mit den Flüchtigen weit in den hinteren Mittelgrund gerückt und das Schiff, das in der Ferne wartet, auf einen kleinen schwarzen Fleck reduziert.

5. Freunde: Manets Verhältnis zu den Impressionisten und seine Freundschaftsporträts

Unter den zahlreichen Darstellungen von Freunden, die Manet geschaffen hat, ist eine der wichtigsten das Gemälde *Der Balkon* (Taf. 10) von 1868/69, das sich heute im Musée d'Orsay befindet. Wie in anderen rätselhaften Gemälden Manets – etwa dem *Die Mahlzeit* (Abb. 35) genannten Bild in der Neuen Pinakothek in München – lässt sich nicht sagen, warum und wozu die Personen versammelt sind und was sie tun. Vorne links sitzt im weißen Kleid Berthe Morisot (1841–1895), die Manet 1867 kennengelernt hatte und von der er die faszinierendsten Porträts malen wird, die ihre dunkle Schönheit, ihre schwarze Melancholie und ihre Verletzlichkeit aufzeigen. Sie wird ihre Karriere als Malerin, die sie bereits eingeschlagen hatte, weiter verfolgen und 1874 durch ihre Heirat mit Eugène Manet die Schwägerin von Edouard werden. Etwas zurückgesetzt steht, ebenfalls in weißem Kleid, die Violinistin Fanny Claus (1846–1869), die mit Manets Frau Suzanne musizierte. Hinter ihr präsentiert sich der Landschaftsmaler Antoine Guillemet (1842–1918), und links von ihm erscheint im Dunkel des Zimmers ein Knabe mit einer Platte und einem Krug. Die Gruppe wird überschnitten vom kaltgrünen Balkongeländer und eingefasst von den beiden angeschnittenen grünen Läden. Unter dem Stuhl von Berthe Morisot befinden sich ein kleiner Hund und ein kleiner Ball, ganz links steht ein Porzellantopf mit einer blauen Hortensie. Es ist nicht zu bestimmen, ob Manet hier drei befreundete Menschen auf einem Balkon porträtierte oder ob er die drei Freunde bat, sich als Modelle für ein Genrebild zur Verfügung zu stellen. Aber der Bildtitel weist darauf hin, dass es hier wie in den vielen für den Salon bestimmten Gemälden Manets zwar um ausgeprägte Individuen in einer Szene geht, nicht aber um ihre Identität als Herr X oder Frau Y.

Man hat mehrfach darauf hingewiesen, dass Manet für *Der Balkon* von einem Gemälde ausgegangen sei, das Goya zugeschrieben und auf 1800–1810 datiert wird (New York, Metropolitan Museum of Art). In Yriartes Monografie über Goya von 1867 wurde diese Darstellung der *Majas auf einem Balkon* reproduziert (Manet Katalog 1983, Nr. 115). Der Vergleich ist interessant, denn Goya zeigte zwei Frauen, die sich auf einem Balkon zur Schau stellen und anbieten, überwacht von zwei finsteren Männern, die ihr Gesicht verhüllen und abwenden. Den beiden Frauen gab Goya einen freundlichen, anziehenden Ausdruck, so dass der Eindruck entsteht, jemand auf der Straße sei das Ziel ihres Blicks. Genau das ist bei Manets Gemälde nicht der Fall, wo die divergierenden Blickrichtungen wesentlich dazu beitragen, dass unbestimmt bleibt, worauf die drei Personen schauen. Dem entspricht, dass die drei nicht den geringsten Bezug aufeinander nehmen – es gibt keine Handlung, keinen Kontakt, keine Erzählung.

Bereits 1869, in der Besprechung des Salons in der *Gazette des Beaux-Arts*, hat Paul Mantz (1821–1895), einer der wichtigsten damaligen Kritiker und Kunsthistoriker, angemerkt: «Man weiß nicht genau, was diese redlichen Personen auf dem Balkon machen.» Über das «Gemälde ohne Sinn» schrieb er weiter: «Gestehen wir zu, dass es sich um eine Kombination von Farben handelt, und betrachten wir es, wie wenn wir die tollen Arabesken einer persischen Fayence betrachten würden oder die Harmonie eines Blumenstraußes, die dekorative Pracht einer Tapete aus bemaltem Papier.» (*Gazette des Beaux-Arts*, 11, 1869, Nr. 2, S. 13)

Es wurde versucht, dem Unerklärlichen dieser Komposition mit allegorischen Ausdeutungen zwangsweise einen Sinn zuzuordnen. Wie bei anderen Gemälden Manets können derartige Versuche nur misslingen. Es ist viel eher angebracht, auch hier von einer Schaustellung auszugehen, wie bei Goyas Darstellung der Majas, aber zugleich anzumerken, dass die inszenierte Schaustellung auf dem Balkon bei Manet die drei Personen durch ihre divergierenden Blickrichtungen auch als Zuschauer kennzeichnet. Sie sind zugleich passiv als Ausgestellte und aktiv

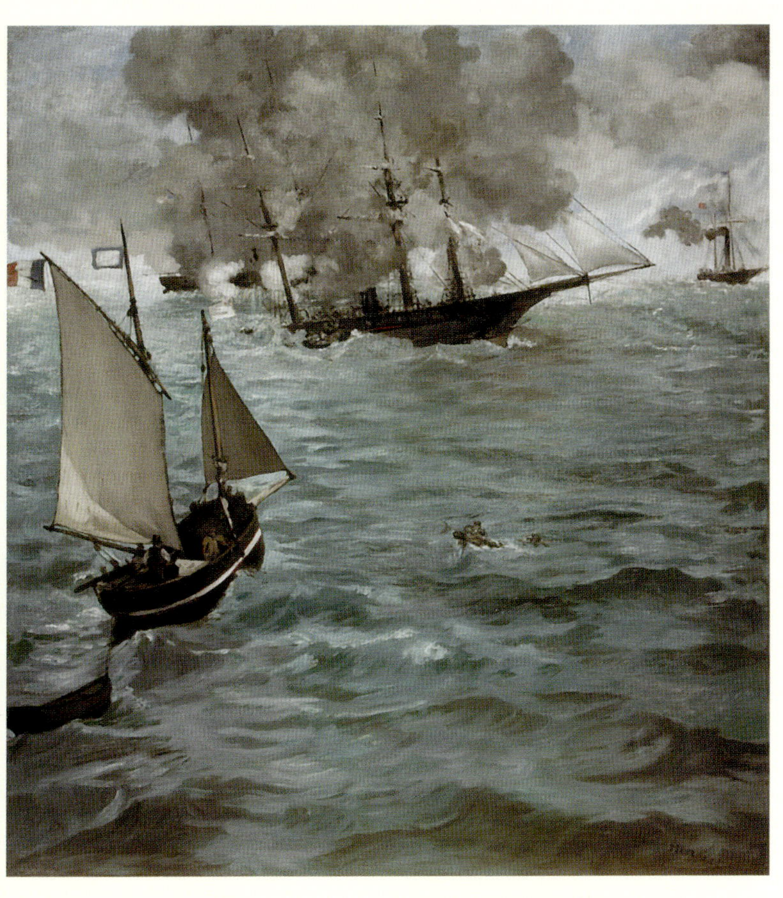

7 Edouard Manet, ***Das Gefecht zwischen der Kearsarge und der Alabama***, 1864, Öl/Lw., 138 x 129 cm, Philadelphia, Museum of Art

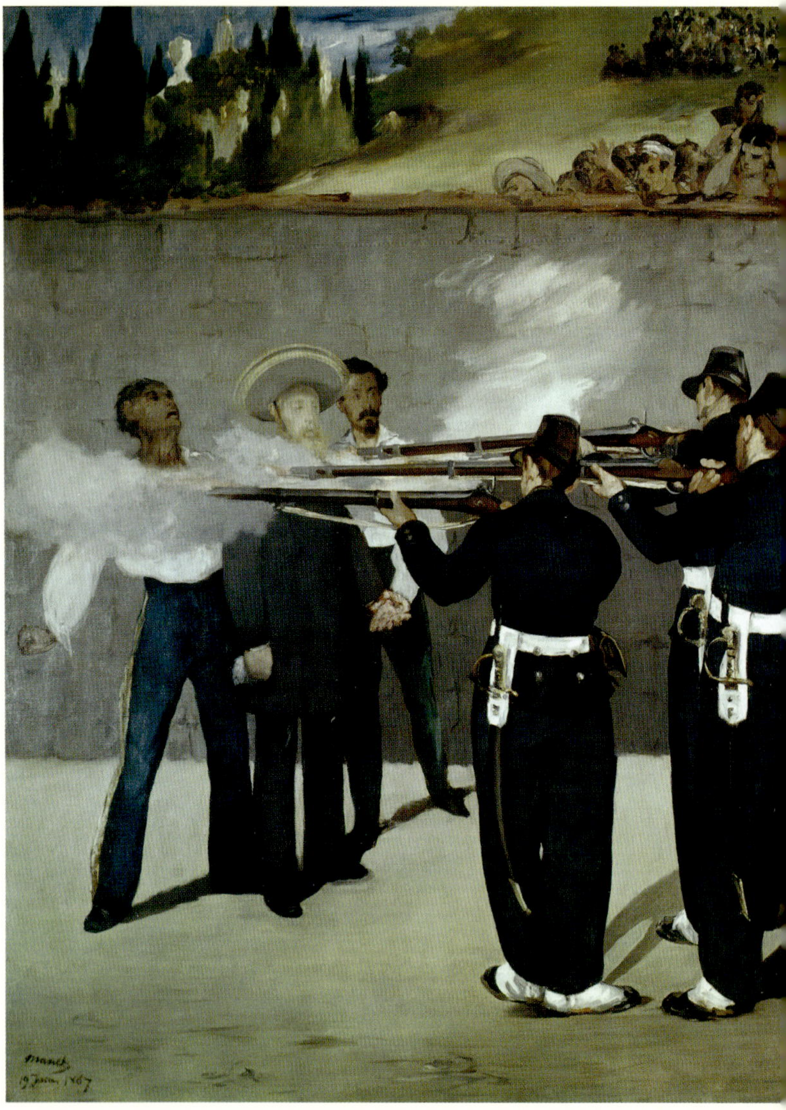

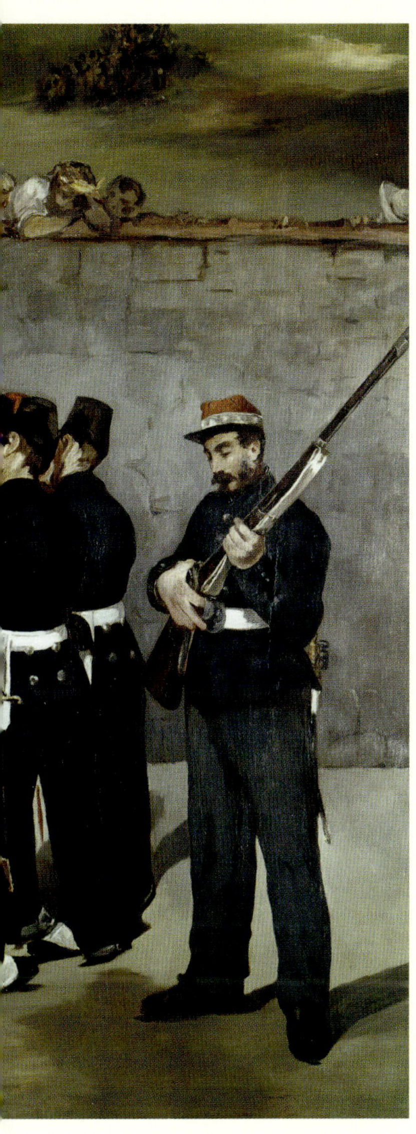

8 Edouard Manet, ***Die Erschießung Kaiser Maximilians***, 1868/69, Öl/Lw., 252 x 302 cm, Mannheim, Kunsthalle

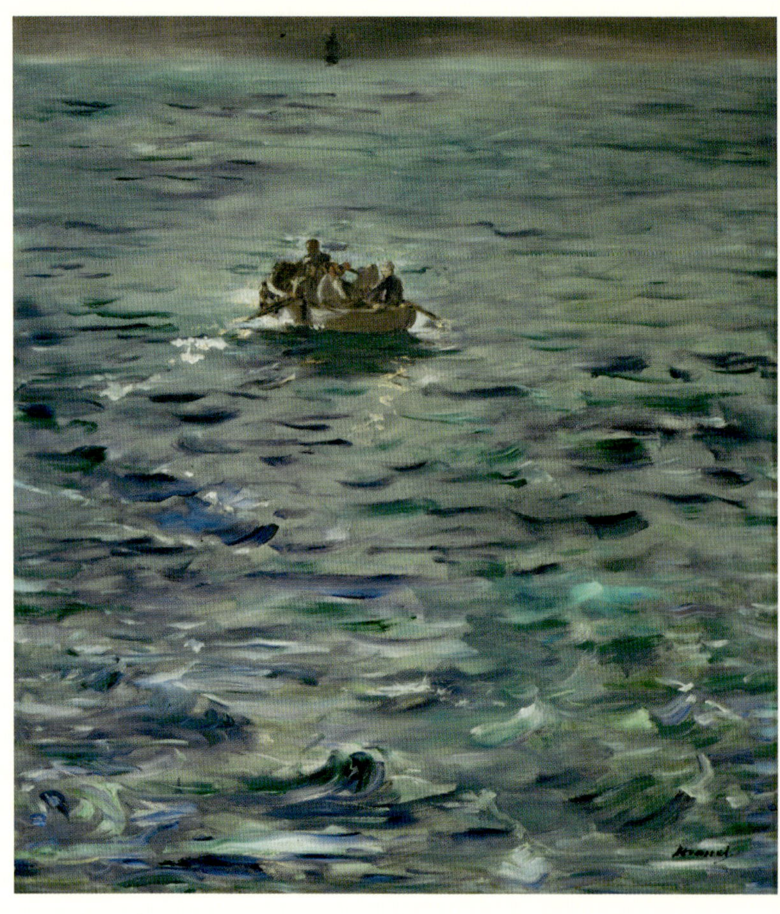

9 Edouard Manet, ***Die Flucht von Henri Rochefort***, 1880/81,
Öl/Lw., 80 x 75 cm, Paris, Musée d'Orsay

als Publikum, ohne etwas gemeinsam zu haben außer der Schaustellung und dem Standort.

Der Balkon verblieb im Atelier von Manet bis zu dessen Tod 1883. Bei der Auktion seines Nachlasses 1884 wurde das Gemälde von dem Maler Gustave Caillebotte (1848–1894) gekauft, der in der Nähe von Argenteuil eine bedeutende Sammlung von zeitgenössischen Gemälden seiner Künstlerkollegen anlegte. Testamentarisch vermachte er diese Sammlung 1894 dem französischen Staat und brachte die Administration damit in größte Verlegenheit, denn sie hatte Mühe, die Werke des sogenannten Impressionismus selbst für das Musée du Luxembourg zu akzeptieren. Caillebotte hatte sich seit 1876 an den Ausstellungen der Künstlergruppe beteiligt, die zwei Jahre zuvor erstmals an die Öffentlichkeit getreten war.

Am 15. April 1874 war nämlich die erste Ausstellung der neuen Gesellschaft von Malern, Bildhauern und Graveuren eröffnet worden, im früheren Atelier des bekannten Fotografen und Karikaturisten Nadar (Gaspard-Félix Tournachon, 1820–1910) am Boulevard des Capucines. Die Bewegung dieser Künstlergruppe erhielt durch einen Kritiker die Bezeichnung «Impressionismus», die ursprünglich herabsetzend gemeint war. Einige führende Mitglieder der Gruppe hatte Fantin-Latour 1870 in seinem Gemälde *Ein Atelier in den Batignolles* (Abb. 14) um Manet versammelt. Doch Manet beteiligte sich nicht an den Ausstellungen der Künstlergruppe, obwohl er wiederholt zur Teilnahme eingeladen wurde und die Jury des Salons am 12. April 1874 zwei seiner vier eingereichten Werke zurückgewiesen hatte; nur das Gemälde *Die Eisenbahn* (Abb. 23) und ein Aquarell hatte sie akzeptiert. Der damals noch ganz unbekannte Dichter Stéphane Mallarmé publizierte daraufhin einen kritischen Artikel über die Entscheidung der Jury. Er warf ihr hauptsächlich vor, das Publikum an der eigenen Urteilsbildung zu hindern, indem sie selbst entschieden habe, was an die Öffentlichkeit kommen solle und was nicht. Dieser Vorwurf der Entmündigung führte zu der Aufforderung, entweder die Jurierung abzuschaffen oder auch die von der Jury zurückgewiesenen Werke zu zeigen. Im Anschluss daran wies Mallarmé auf die Qualitäten der drei Gemälde hin, die Manet der Jury präsentiert hatte (Mallarmé 1998, S. 297–302, Hamilton 1986, S. 181–186). Er hob besonders das Bild *Maskenball in der Oper* (Manet Katalog 1983, Nr. 138) hervor, das eine gedrängte Schar schwarz gekleideter arrivierter Herren mit Zylindern konfrontiert mit einigen maskierten jungen Frauen, die in einen weißen Jupe oder einen farbigen Pantalon gekleidet sind, und mit einem bunten Hanswurst als (halber) Rückenfigur. Der Schauplatz, an dem die jungen Frauen von den Männern mittleren Alters aufgegriffen werden, ist das Foyer der Opéra Le Peletier, an deren jährlichem Maskenball Manet im März 1873 teilgenommen hatte. In der Nacht vom 28. auf den 29. Oktober desselben Jahres brannte die Oper vollständig nieder. Manets Gemälde zeigt ein wogendes Meer von unterschiedlich schrägen Zylinderhüten, darüber die bildparallel angeordnete weiße Horizontale des Balkons und zwei dicke weiße Rundpfeiler.

Manets Gemälde *Die Eisenbahn* wurde im Salon vom April 1874 präsentiert. Die fast gleichzeitig eröffnete erste Ausstellung des «Impressionismus» hatte zur Folge, dass Manet als Anführer der neuen Richtung galt, was Mallarmé 1876 ausdrücklich bekräftigte (Mallarmé 1998, S. 310, Manet Katalog 1983, Nr. 133). Bei Manets Gemälde wurden die skizzenhafte Ausführung und die befremdliche Helligkeit der Farben bemerkt, was zu seiner Charakterisierung als «impression» ausreichte. Gemäß Tabarant (1947, S. 221 f.) soll Manet das Bild in einem kleinen Garten an der Rue de Rome gemalt haben, über der Eisenbahnlinie, die zum Bahnhof St. Lazare führte. Im Gemälde sind im Hintergrund, also in östlicher Richtung, Hausfassaden zu erkennen, die der Rue de Saint-Pétersbourg zugeordnet werden können, wo Manet von 1872 bis 1878 sein Atelier hatte. Eines der Modelle war Victorine Meurent, das andere angeblich die Tochter von Alphonse Hirsch (1843–1884), einem mit Manet befreundeten Maler. Victorine sitzt auf einer Mauer vor dem starken Eisengitter, hat ein geöffnetes Buch und einen kleinen Hund auf dem Schoß und blickt ruhig und direkt zum Betrachter – ganz anders als zehn Jahre vorher in der Rolle

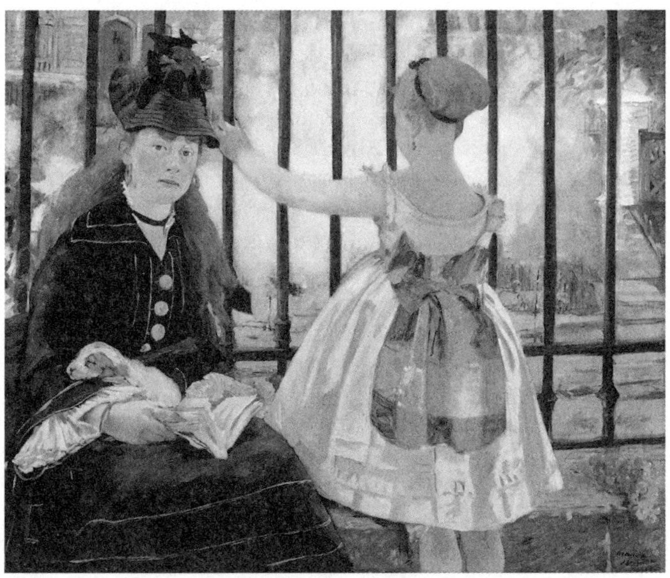

23 Edouard Manet, ***Die Eisenbahn***, 1873, Öl/Lw., 93 x 114 cm, Washington, D.C., National Gallery of Art

der Olympia. Das Mädchen dreht dem Betrachter dagegen den Rücken zu und schaut vermutlich hinunter auf die tiefer liegenden Bahngleise, über denen sich auf der ganzen Breite des Bildes weißer Dampf gebildet hat. Im Gegensatz zu den meisten der damals bereits zahlreichen Darstellungen der Eisenbahn – von Joseph Mallord William Turner (1775–1851) bis hin zu Camille Pissarro (1830–1903) und Claude Monet, die beide schon 1870/71 Landschaften mit Eisenbahnen malten, nebst zahlreichen Darstellungen in illustrierten Zeitschriften – wird das immer wichtigere Transportmittel in Manets Gemälde nicht heroisiert oder mystifiziert. Manet malt weißen Dampf, keinen schwarzgrauen Rauch und keine fauchende Maschine, und nur ein Kind schaut der Ausbreitung der Dampfwolke zu, während die Frau forschend die Reaktion des Betrachters prüft, dessen Stellung vor dem Bild durch das Kind im Bild vorgegeben ist. Die durchgehende Barrikade aus dicken, hohen eisernen Stäben, die heute noch in der Umgebung des Pont de l'Europe zu sehen sind, hält die beiden Figuren im engen Streifen zwischen Mauer und Bildgrenze gefangen, wo ihnen kein Raum zugestanden ist.

Noch im selben Jahr festigten sich die freundschaftlichen Kontakte Manets zu einigen Impressionisten. Im August 1874 hielt sich Manet in Gennevilliers, nordwestlich von Paris, auf und besuchte Claude Monet, der am gegenüberliegenden Ufer der Seine in Argenteuil wohnte. Manet malte den Kollegen und dessen Familie im Garten (Manet Katalog 1983, Nr. 141), und umgekehrt wurde Manet von Monet bei der Arbeit an der Staffelei gemalt (Gemälde verschollen, Sauerländer 2012, S. 39, Abb. 25). Während der Malsitzungen erschien auch Auguste Renoir und begann mit einem Porträt von Monets Frau. Manet beobachtete den jungen Kollegen, schnitt eine Grimasse, ging diskret zu Monet und flüsterte ihm ins Ohr: «Er hat nicht das geringste Talent, dieser Knabe da! Sie sind doch sein Freund, raten Sie ihm also, mit der Malerei aufzuhören.» Die Anekdote berichtete Monet 1924 (Manet Katalog 1983, S. 360–363). Offensichtlich war es ein Scherz von Manet, der vom Können seiner beiden Kollegen beeindruckt war. Über Renoirs Porträt sagte Monet: «Es wurde in unserem Garten in Argenteuil gemalt, am Tag, als Manet, bezaubert von der Farbe, dem Licht, es wagte, ein Bild von Personen unter Bäumen im Freien zu machen.» (Manet Katalog 1983, S. 360)

Tatsächlich hatte Manet zwar als Malschüler bei Couture verlangt, im Sommer die Aktstudien im Freien zu machen, aber als selbständiger Maler hatte er bisher meist im Atelier gearbeitet. In der Ausstellung von 1874 im Atelier Nadar konnte er die Gemälde seiner jüngeren Kollegen sehen, die vielfach im Freien malten und Farbe und Licht auf neue Weise auf der Leinwand hervorbrachten. Manet übernahm die neue Auffassung in der einen oder anderen seiner Landschaften, die als Variationen von Monet im Sommer 1874 entstanden. In dem Gemälde *Argenteuil* (Abb. 24) integrierte er sein Interesse an der Darstellung sozialer Beziehungen in eine impressionistische Auffassung von Farbe und Licht. Willibald Sauerländer hat diesen Vorgang so

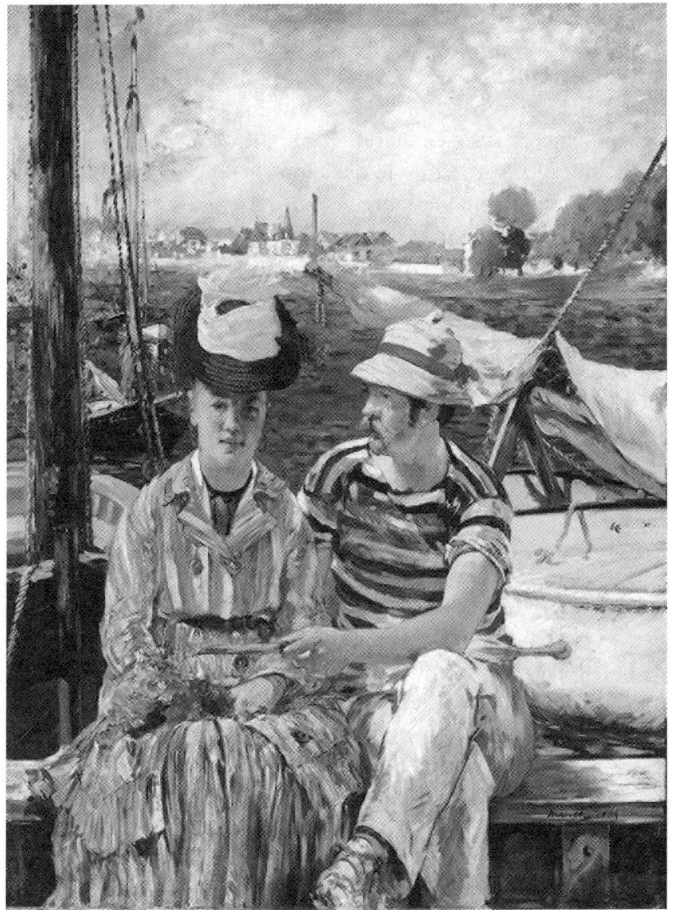

24 Edouard Manet, ***Argenteuil***, 1874, Öl/Lw., 149 x 115 cm, Tournai, Musée des Beaux-Arts

gedeutet: «Manet machte also aus dem ihm eigentlich fremden Impressionismus eine sozial spezifisch codierte Erzählweise.» (Sauerländer 2012, S. 42) *Argenteuil* zeigt eine erotische Werbung auf einem Landesteg vor Booten auf strahlend blauem

Wasser und einer Industrielandschaft im Hintergrund. Théodore Duret hat die Beziehung solcher Paare, von denen Manet im Vordergrund eines dargestellt hat, mit der üblichen Verachtung der Frauen beschrieben: «Die Ruderer gehörten verschiedenen Schichten der Gesellschaft an, die Mädchen aber, die sie mitnahmen, alle zur Klasse der einfacheren Grisetten. Die auf *Argenteuil* ist so eine.» (Duret 1910, S. 143)

Monet hatte sich ein Atelier-Boot bauen lassen und war damit vorzugsweise auf einem stillen Arm der Seine unterwegs. Von ihm und seiner Frau im Boot malte Manet zwei Fassungen, von denen die eine ein Fragment blieb und die andere, vollendete 1875 im Salon ausgestellt wurde. Die Erstere machte Manet seinem Freund zum Geschenk. Monet behielt das Bild in Giverny bis zu seinem Tod. 1966 wurde es aus amerikanischem Besitz für die Staatsgalerie Stuttgart angekauft. In der ausgeführten Fassung (Abb. 25), die in etwas kleinerem Format gehalten ist, füllt das dunkelblaue Boot die ganze Breite der Leinwand aus. Unter einem Sonnendach sitzt der weiß gekleidete Monet, den Kopf bedeckt mit einem Strohhut, auf dem Bug an der Staffelei, die ein begonnenes Gemälde trägt. Zwischen Monets Hand mit dem Pinsel und dem Gemälde erscheint im Eingang zur Kajüte zwischen den blauen Wänden schemenhaft Camille Monet. Wie in dem Gemälde *Argenteuil* zeigen sich im Hintergrund die Fabriken mit den rauchenden Schloten. Manet malte das leicht bewegte Wasser mit kurzen Pinselstrichen in verschiedenen hellen und dunklen Blautönen, streute als Kontrast Gelbtöne ein und führte die bewegten Spiegelungen der Häuser und der Pappel links in Rotgelb und Grün aus. Während die erste Version als Doppelporträt angelegt war, hat die zweite Fassung «eine rühmende Darstellung des Pleinair-Malers Monet» zum Ziel (Sauerländer 2012, S. 54).

Wie in Manets Gemälde erscheint in Monets kleinem Bild auf der Staffelei eine Pappel auf der linken Seite, darunter eine verschwommene blaugraue Fläche und rechts davon zwei senkrechte längere Striche in Gelb, die sich auch in Manets Bild als Mast und als Kajütenkante finden. Monets angefangenes Gemälde erscheint wie eine verkleinerte Variante von Manets Dar-

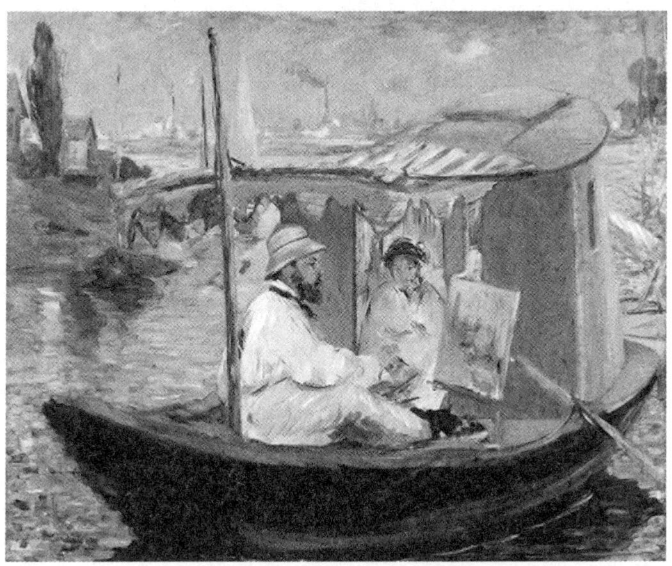

25 Edouard Manet, ***Monet malt in seinem Atelier-Boot***, 1874, Öl/Lw., 83 x 105 cm, München, Neue Pinakothek

stellung des Atelier-Bootes. Die doppelte Hommage Manets an Monet besteht darin, dass der Ältere im Stil des Jüngeren malte und dessen Bild als Verkleinerung des eigenen darstellte. Es geht hier also nicht darum, dass ein Maler durch die Selbstdarstellung im Atelier seine eigene Arbeit reflektiert, wie es in vielen Bildern der Fall ist, sondern dass er über die Arbeit eines anderen reflektiert, indem er ihn nachahmt. Vereinfachend gesagt: Manet reflektiert mit diesem Bild die eigene Aneignung der impressionistischen Auffassung von Malerei.

Manets Verhältnis zu den sogenannten Impressionisten in der Mitte der 1870er Jahre war und ist ein schwieriges Problem. Die größte Annäherung von Manet an die Malweise seiner jüngeren Kollegen ist in den Jahren 1874 und 1875 festzustellen. Im Herbst 1875 unternahm Manet mit James Tissot (1836–1902) eine Reise nach Venedig. Während des Aufenthaltes entstanden zwei relativ kleine Gemälde von Partien am Canal Grande, die vielleicht als Pleinair-Malereien begonnen, aber in Paris korrigiert und fertiggestellt wurden. Im einen Gemälde sind das helle Wasser, die leuchtende Palastfassade und die blau-weißen Pfähle kontrastiert mit zwei dunklen Gondeln, die von den Bildrändern abgeschnitten werden. Im anderen Gemälde ist eine schwarze Gondel in die Bildmitte zwischen die blau-weißen Pfähle gerückt, und das Wasser spiegelt sie, wie auch die Pfähle und Teile der hellen Häuser im Hintergrund (Manet Katalog 1983, Nr. 147, 148). Obwohl Manet sich nicht an den Ausstellungen der Impressionisten beteiligte, proklamierte ihn Mallarmé zum Chef der Impressionisten, in einem Essay, der im September 1876 in der Londoner Monatsschrift *The Art Monthly Review and Photographic Portfolio* erschien. Der Titel dieses aufschlussreichen Essays war «The Impressionists and Edouard Manet» (Mallarmé 1998, S. 310).

Auch Mallarmé gehörte zum Kreis der Freunde und Bewunderer Manets. In Paris erschien 1875 die von Mallarmé ins Französische übertragene Ballade *The Raven* von Edgar Allan Poe (1809–1849) mit Lithografien von Manet als Luxusausgabe zum Preis von fünfundzwanzig Francs (Manet Katalog 1983, Nr. 151). Von Poe waren in Frankreich bereits in den 1840er Jahren die Übersetzungen einiger Erzählungen erschienen. Baudelaire war von Poes Geschichte *Die schwarze Katze* so begeistert, dass er selber mit Übersetzungen begann und 1852 einen großen Essay über Poe publizierte, auf den die Veröffentlichung einiger Erzählungen folgte (Baudelaire 1977–1985, Bd. 2, S. 257–365). Die Zusammenarbeit von Mallarmé und Manet für die Ausgabe von Poes unheimlichem Gedicht *Der Rabe* begann offenbar Ende 1874. In dem Gedicht wird der Erzähler, der sich durch Lesen von der nächtlichen Trauer um die Geliebte Lenore ablenkt, von Klopfgeräuschen gestört, und ein Rabe, als schwarzer Höllenbote, fliegt ins Zimmer und setzt sich auf die Büste der Pallas Athene. Mit einem einzigen Wort antwortet er auf alles, was der Erzähler ihm vorbringt: «Nevermore» – «Nimmermehr», das als letztes Wort die Zukunftslosigkeit heraufbeschwört. Manet zeichnete fünf Lithografien, den Rabenkopf für das Titelblatt, die nächtliche Stu-

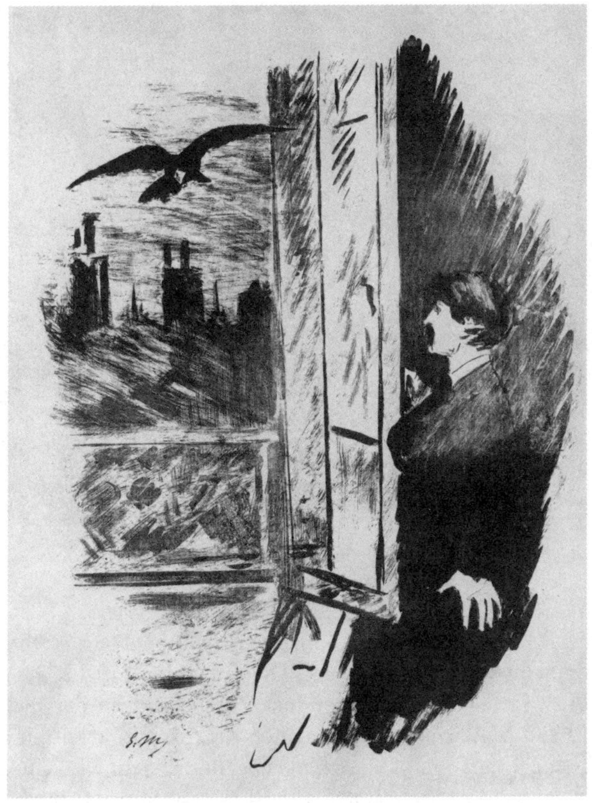

26 Edouard Manet, ***Am Fenster***, Illustration zu: Edgar Allen Poe, *Le Corbeau*, Paris: R. Lesclide, 1875

dierstube, die Öffnung des Fensters (Abb. 26), dann den Raben auf der Büste und als letzte die gestaltlosen Schatten von Erzähler und Rabe, die sich in schwarze Striche verflüchtigt haben (Stierle 2006).

Im Oktober 1876 malte Manet dann ein kleines Porträt seines großen Bewunderers Mallarmé (Abb. 27), der ihn in der Rue de Saint-Pétersbourg täglich nach dem Englischunterricht besuchte, den er im Lycée Fontane erteilte. Der Dichter ist im

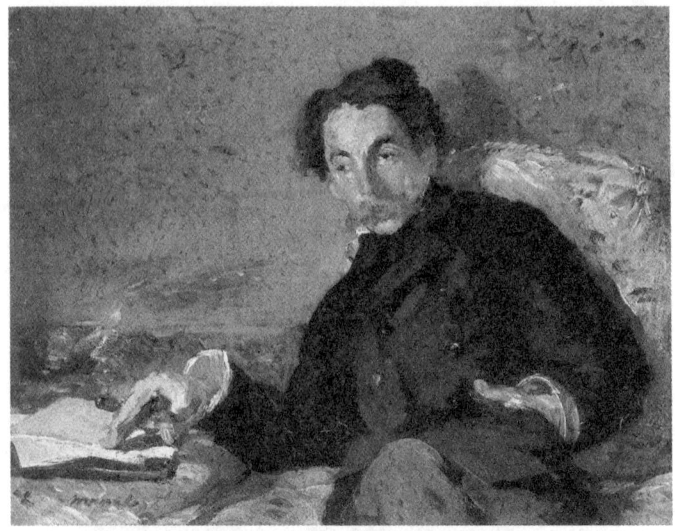

27 Edouard Manet, ***Porträt Stéphane Mallarmé***, 1876, Öl/Lw., 27 x 36 cm, Paris, Musée d'Orsay

Atelier Manets vor einer japanisierenden Tapete dargestellt, als Sitzfigur im schwarzen Mantel. Die linke Hand ist bis auf den Daumen in der Tasche seiner Jacke verborgen, in der rechten Hand hält Mallarmé eine brennende Zigarre und weist mit dem Zeigefinger auf ein aufgeschlagenes Buch. Sein Gesichtsausdruck ist nicht zu bestimmen, sein Blick geht über das Buch hinweg. Manet zeigt den Dichterfreund im Augenblick des Nachdenkens, in der noch untätigen Verbindung von Kopf und Hand und Buch, also im vorproduktiven Zustand. Ganz ähnlich meinte Poe in seiner methodischen Analyse der Ballade *Der Rabe*, jedes Sujet müsse bis zu seiner Lösung ausgearbeitet sein, bevor man zur Feder greife (Poe 1981, S. 25).

Mallarmé versuchte mehrmals, Manet zur Illustration seiner Gedichte zu bewegen, doch dieser zeichnete nur noch vier kleine Vignetten für die Ekloge *L'Après-midi d'un faune – Der Nachmittag eines Fauns* –, die in Holzschnitte umgesetzt wurden (Manet Katalog 1985/86, Nr. 72). Claude Debussy (1862–

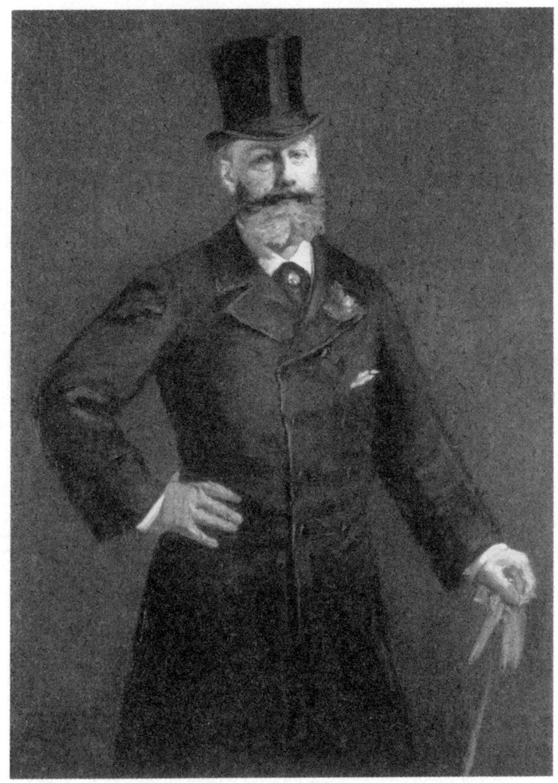

28 Edouard Manet, ***Porträt Antonin Proust***, 1880, Öl/Lw., 130 x 96 cm, The Toledo Museum of Art

1918) wurde von diesem Gedicht Mallarmés zu einer symphonischen Komposition inspiriert, und 1912 bescherte das gleichnamige Ballett von Vaslav Nijinsky dem Pariser Publikum mit seiner «erotischen Bestialität» einen veritablen Skandal.

Von seinem Jugendfreund Antonin Proust, der mit ihm das Atelier Couture besucht hatte, danach aber eine Karriere als Journalist, Kritiker und Politiker einschlug, malte Manet 1879/80 ein imposantes Porträt in Dreiviertelfigur vor braunem Grund (Abb. 28). Proust ist bekleidet mit einem zweireihigen braunen Redingote, trägt an der rechten Hand einen gelben Handschuh und stützt die linke auf einen Stock. Sein Blick ist ruhig und würdevoll, auf dem Kopf trägt er einen Zylinder. Das Porträt von Proust ist dem Bildnis ähnlich, das Fantin-Latour 1867 von Manet gemalt hatte (Abb. 12). 1880 stellte Manet das Freundesporträt zusammen mit dem Genrebild *Bei Père Lathuille* (Manet Katalog 2011, Nr. 179) im Salon aus. Die Reaktionen von Seiten der Kritik divergierten. Tatsächlich steht dieses Porträt den damaligen konventionellen, offiziellen Porträts nahe, etwa den Bildnissen von Léon Bonnat (1833–1922), dem gefragtesten französischen Porträtmaler im letzten Viertel des 19. Jahrhunderts. Als Léon Gambetta im November 1881 Premierminister wurde, erhielt Proust die Leitung des Ministeriums der Schönen Künste. Seine kurze Amtszeit bis Januar 1882 reichte aus, um Manet die Auszeichnung als «Chevalier de la Légion d'honneur» – «Ritter der Ehrenlegion» – zu verschaffen. Selbstverständlich wurde Manet verdächtigt, sich mit dem Porträt die Gunst seines mächtigen Freundes verschafft zu haben.

6. Paris: Bilder der modernen Großstadt

Antonin Proust erzählt in seinen Erinnerungen von einem Empfang im Palais Bourbon am Nationalfeiertag 1879 (damals eigentlich noch der Jahrestag des Föderationsfestes), zu dem Léon Gambetta (1838–1882), zu dieser Zeit Präsident der französischen Abgeordnetenkammer, geladen hatte. Manet hatte dem Präfekten des Departements brieflich seinen Vorschlag zur Ausmalung des neuen Rathauses von Paris unterbreitet, und offensichtlich hoffte er auf Unterstützung durch Gambetta. Das alte Rathaus war wie der Tuilerienpalast während der Pariser Kommune 1871 zerstört worden. Manet schlug dem Präfekten vor, eine Reihe von Kompositionen zu malen, die den «Bauch von Paris» wiedergeben sollten – der Titel entspricht dem eines Romans von Emile Zola. Dann führte Manet aus: «Ich hätte somit die Markthallen von Paris, die Eisenbahnen von Paris, die Brücken von Paris, das unterirdische Paris, das Paris der Rennen und der öffentlichen Gärten zu malen.» Für die Decke sah Manet eine Porträtgalerie vor, die alle Personen zeigen sollte, die «zur Größe und zum Reichtum von Paris» beigetragen hatten. Proust schreibt zudem, Manet habe sein ganzes Leben den Plan gehabt, «ein großes modernes, dekoratives Werk» zu schaffen (Proust 1917, S. 82 f.). Eine Reaktion des Präfekten erfolgte aber nicht, denn Manet wurde nicht engagiert, wohl aber Pierre Puvis de Chavannes (1824–1898), der bekannte Maler monumentaler Wandbilder, und andere Künstler.

Das Angebot für das neue Rathaus in Paris griff teilweise die Aspekte der Großstadt auf, mit denen sich Manet zeitlebens beschäftigt hatte. Einige dieser Aspekte wurden hier anhand der Gemälde *Le Déjeuner sur l'herbe* und *Argenteuil* schon vorgestellt, die Pariser Sitten bzw. das Tun und Lassen der Großstadtbewohner in der Freizeit zeigen. Ein weiteres Interesse Manets galt dem «Paris der Rennen», dem er sich schon in

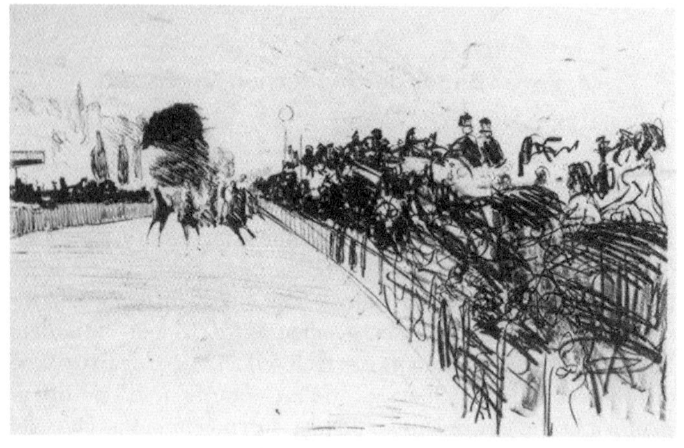

29 Edouard Manet, ***Das Pferderennen***, 1865–1872, Lithografie, 40 x 51 cm, Bern, Privatbesitz

der zweiten Hälfte der 1860er Jahre zugewandt hatte. Er zeichnete den Einlauf der Pferde auf der Rennbahn Longchamp im Erholungspark Bois de Boulogne westlich von Paris. Nach dieser Zeichnung führte er verschiedene Gemälde und ein Aquarell aus und setzte die Zeichnung in eine Lithografie um (Abb. 29). Im Gegensatz zu den zahlreichen Darstellungen von Pferderennen, die von anderen Künstlern angefertigt wurden, zeigte Manet die galoppierenden Pferde nicht im Profil, sondern von vorn, im Heranstürmen zum Ziel zwischen den stehenden Zuschauerreihen. Die Gruppe von Pferden mit Jockeys ist so dargestellt, dass sie dem Maler bzw. den Betrachtern direkt entgegenrast. Manet war der Erste, der die Reiter aus der Tiefe des Raumes herausschießen ließ und ihre Geschwindigkeit durch den Kontrast zwischen den Pferden und den stehenden Zuschauern visualisierte. Nur Joseph Mallord William Turner hatte es zuvor in seinem berühmten Bild *Regen, Dampf und Geschwindigkeit – The Great Western Railway*, das er 1844 in der Royal Academy in London ausstellte, gewagt, die Geschwindigkeit des auf der Maidenhead-Brücke aus der Ferne

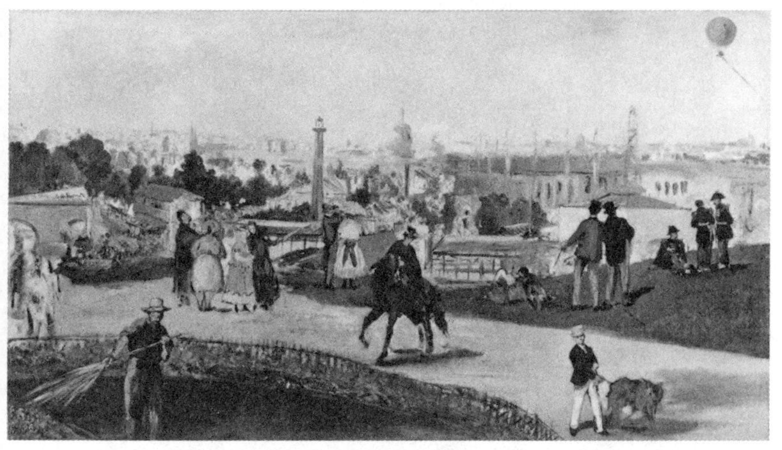

30 Edouard Manet, ***Die Weltausstellung in Paris***, 1867, Öl/Lw., 107 x 197 cm, Oslo, Nationalgalerie

nach vorn schießenden Zuges sichtbar zu machen (London, National Gallery).

1867 malte Manet von dem «Butte de Chaillot» genannten Hügel aus eine Ansicht der Weltausstellung auf dem Champs-de-Mars in Paris am gegenüberliegenden Ufer der Seine (Abb. 30). Der Ausstellungspalast war als riesiges Oval in sechs ringsum laufenden Galerien auf einem ausgedehnten rechteckigen Feld angelegt. Rund um den zentralen Palast waren die Ausstellungsgebäude von Ländern und Kolonien aus aller Welt gruppiert. Das Ganze stellte eine Abbreviatur der Welt dar, kenntlich an der Ovalform, dem Eirund, der Galerien, in denen die Produkte der diversen Industrien, dann die Rohstoffe, die Bekleidung, das Mobiliar, die Wissenschaften und die Künste der Zeit präsentiert wurden. Das offene innerste Oval des Palastes, ein Garten, hatte einen Pavillon zum Zentrum, in dem ausgestellt war, was das Zweite Kaiserreich als das wirkliche Zentrum der Welt deklarierte: das Geld (Bätschmann 1993, S. 85–88). Manet zeigt in seinem Gemälde den Blick auf den Ausstellungspalast und im Vordergrund Zuschauer, Spaziergänger, eine Reiterin und einen

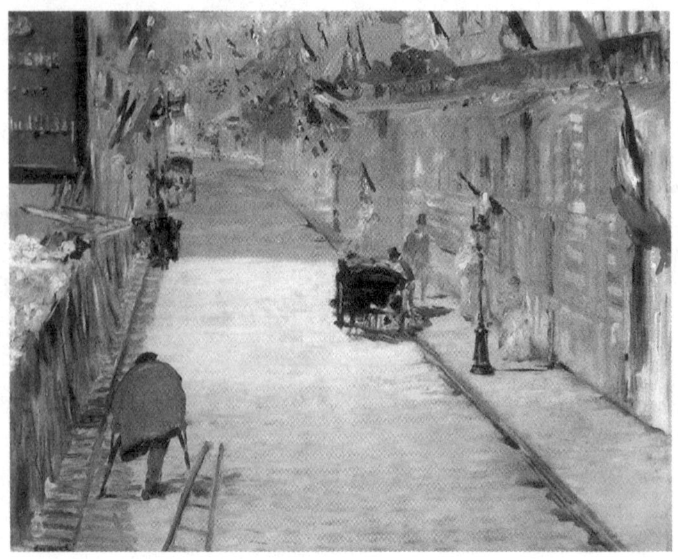

31 Edouard Manet, ***Die beflaggte Rue Mosnier***, 1878, Öl/Lw., 65 x 81 cm, Los Angeles, The J. Paul Getty Museum

Gärtner. Vor den Bäumen links ist der Pont de l'Alma zu erkennen, der nach links zum gleichnamigen Platz führt, wo Manet seinen eigenen Pavillon hatte und wo er ziemlich erfolglos um Publikum für seine Werke warb.

Unter den wenigen Straßenszenen, die Manet malte, ist die bemerkenswerteste *Die beflaggte Rue Mosnier* von 1878 (Abb. 31). Manet konnte von seinem Atelier in der Rue de Saint-Pétersbourg auf die Rue Mosnier blicken, die seit 1884 Rue de Berne heißt. Anlass der Beflaggung war die Pariser Weltausstellung von 1878. Manet hatte mehrere Motive gezeichnet, darunter die Fiaker, die Fußgänger und den Einbeinigen mit den Krücken, zudem malte er die Arbeiten zur neuen Pflasterung der Straße (Manet Katalog 1983, Nr. 158–163). Der invalide Einbeinige, ein Opfer des Krieges von 1870, der an dem Holzzaun entlanggeht, bildet einen starken emotionalen Kontrast zur lichterfüllten Straße und den beflaggten Häusern. Im Gegensatz

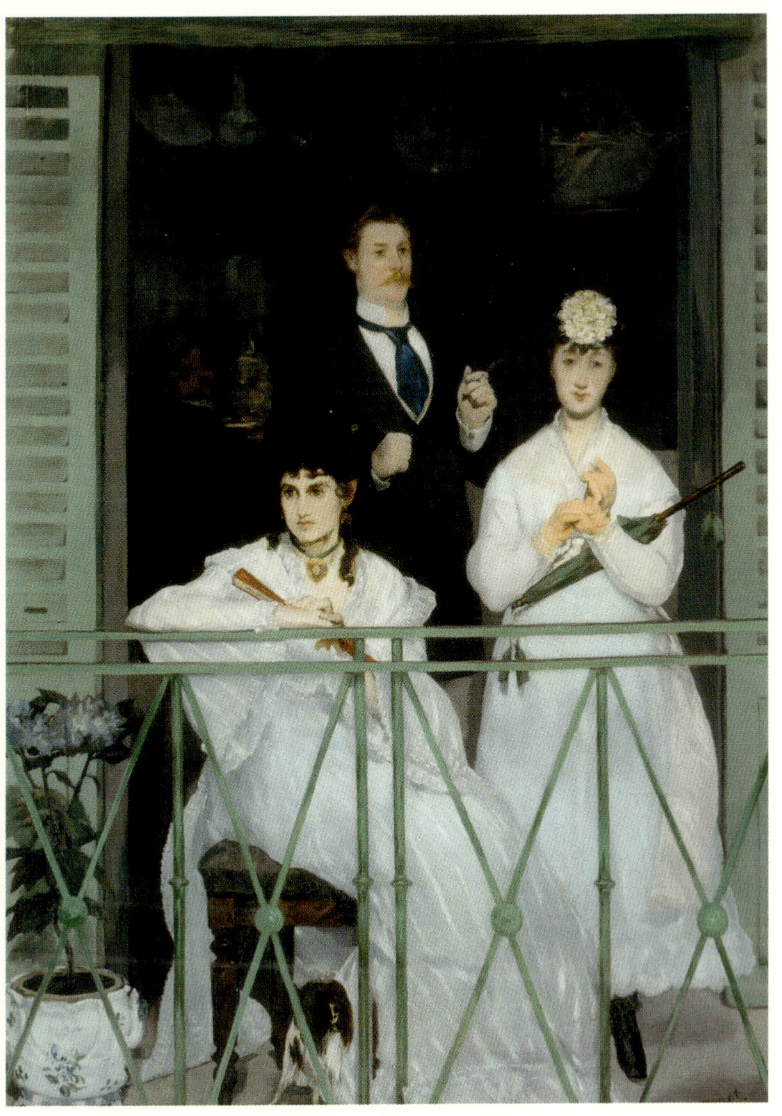

10 Edouard Manet, ***Der Balkon***, 1868/69, Öl/Lw., 169 x 125 cm, Paris, Musée d'Orsay

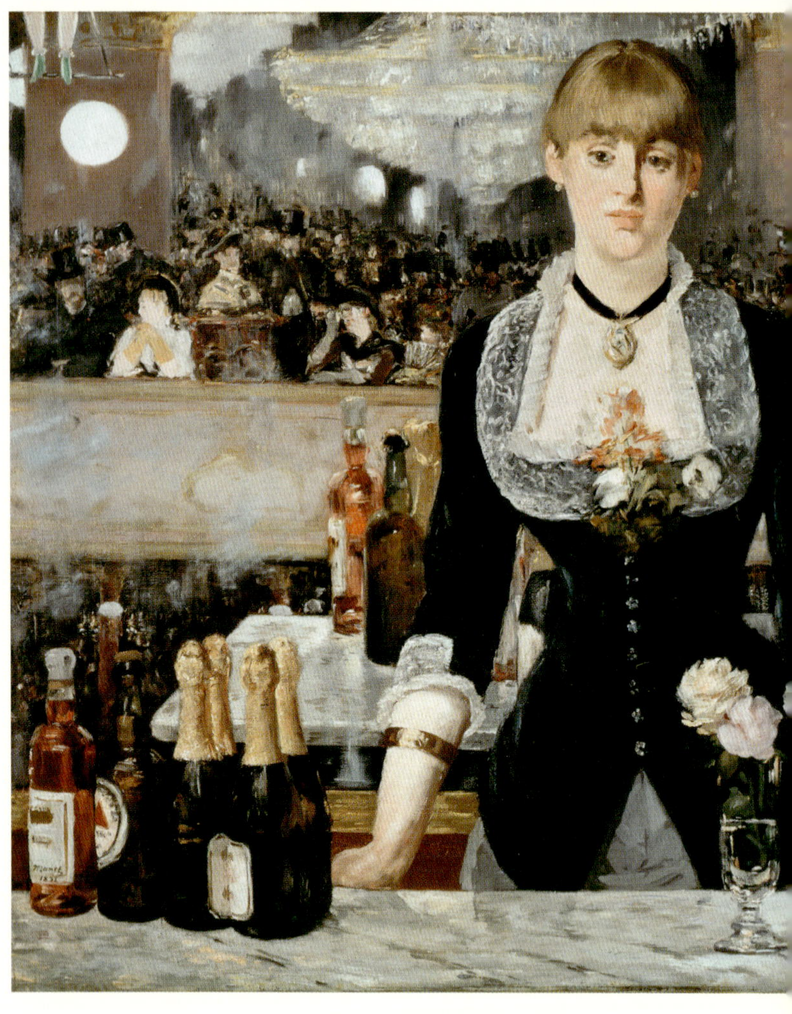

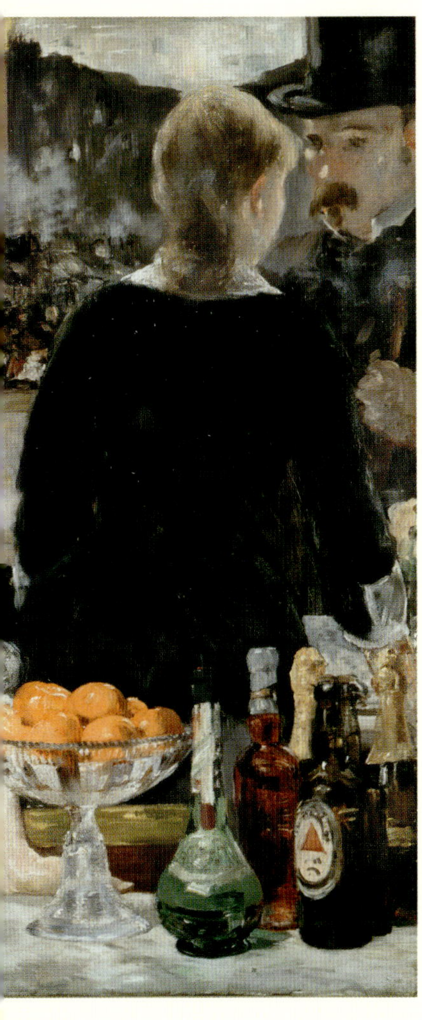

11 Edouard Manet, ***Eine Bar in den Folies-Bergère***, 1881/82, Öl/Lw., 96 x 130 cm, London, Courtauld Institute Galleries

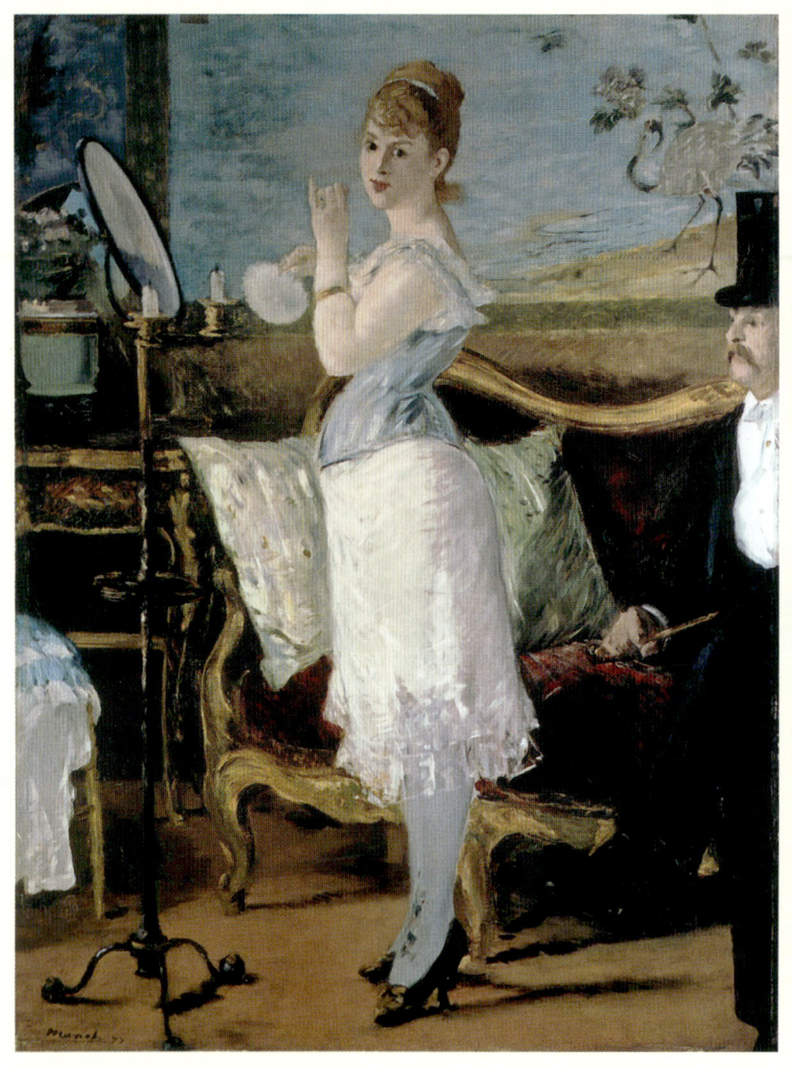

12 Edouard Manet, ***Nana***, 1877,
Öl/Lw., 154 x 115 cm, Hamburg, Kunsthalle

zu Manet zeigte Claude Monet in seinen zeitgleichen Wiedergaben von zwei beflaggten Straßen Farborgien in Rot-Weiß-Blau, den Farben der französischen Trikolore (Paris, Musée d'Orsay und Rouen, Musée des Beaux-Arts), ohne das Fest der Farben mit einer Erinnerung an das Kriegsgeschehen zu trüben.

1877 nahm Manet das Thema der Kurtisane mit seinem Gemälde *Nana* (Taf. 12) wieder auf, vierzehn Jahre nach der *Olympia* (Taf. 5). Als Modell für die Kurtisane engagierte er eine junge Schauspielerin, Henriette Hauser, genannt Le Citron, die Mätresse des Erbprinzen Wilhelm von Oranien (1840–1879). Man hält sie auch für das Modell von Zolas Roman *Nana*, der im Herbst 1878 begonnen und 1879 publiziert wurde. Zola hatte die Figur der Nana als freche Göre und Dirne schon im 11. Kapitel seines Werks *L'Assommoir* (*Die Schnapsbude*) eingeführt, das 1876 als Fortsetzungsroman erschienen war. Den Kranich oder Ibis auf der Wandbespannung in Manets Gemälde hat man als Anspielung auf das Modell im Sinne einer Luxusprostituierten verstehen wollen, doch Françoise Cachin hat darauf hingewiesen, dass der Dekor zum Atelier von Manet gehörte und dass bei diesem als einem maliziösen, aber galanten Mann eine solche eindeutige Bloßlegung auszuschließen sei (Manet Katalog 1983, Nr. 157). Immerhin hat Manet mit dem älteren Besucher auf der rechten Seite die Situation eindeutig gekennzeichnet. Überdies führt die gelbe Kante der Rückenlehne des Kanapees vom Unterleib der jungen Frau, die in Unterwäsche präsentiert wird, nach oben und hinter ihrem Rücken in einem Schwung zu dem Besucher. Diese Figur, die offenbar zuletzt eingefügt wurde, ist vom Bildrand überschnitten. Bei Edgar Degas' Gemälde *Place de la Concorde* von 1875 (St. Petersburg, Ermitage) evoziert das Überschneiden von Figuren durch den Bildrand das Gemälde als Ausschnitt, als Momentaufnahme ähnlich einer Fotografie und letztlich als komponierten Zufall. Werner Hofmann hat 1973 insistiert, dass in Manets Bild keine Momentaufnahme vorliegt, sondern «ein kompiliertes, sorgfältig arrangiertes Interieur» und dass wir es mit «einer vom Maler gestellten Situation» zu tun haben, die das «Ergebnis eines vielwöchigen Malprozesses» ist (Hofmann 1973, S. 17).

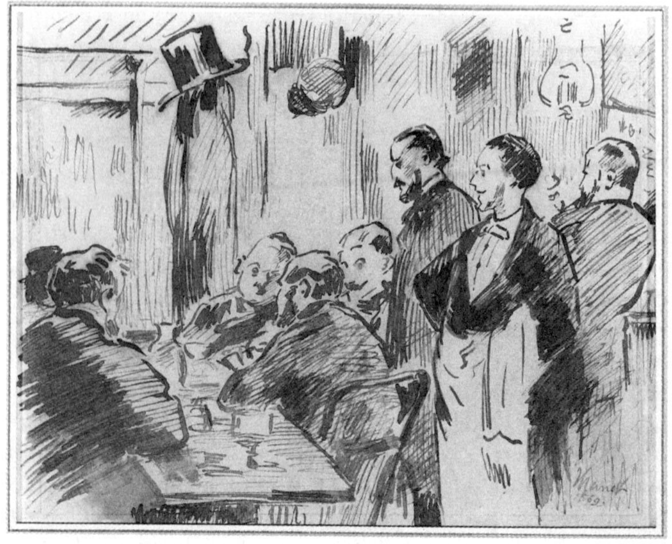

32 Edouard Manet, ***Im Café***, 1869, Feder, 29 x 39 cm, Cambridge, Mass., Harvard Art Museums/Fogg Museum

Mehr noch als *Der Balkon* (Taf. 10) ist das Gemälde *Nana* die Manet'sche Realisierung des vielfältigen Themas *Woman in White*, das James McNeill Whistler mit seiner *Sinfonie in Weiß* im Salon des Refusés 1863 exemplarisch vorgestellt hatte. Nanas Unterrock leuchtet in reinstem Weiß zwischen dem weißblauen Mieder und den Strümpfen, im Kontrast zum dunklen Rot des Kanapees und zu den beiden Kissen. Weiß kehrt wieder in der unwahrscheinlichen Helligkeit von Nanas Haut, in ihrer Puderquaste und dem Hemd des Besuchers, Weiß-Blau wiederholt sich im angeschnittenen Kleid auf dem Stuhl, weiß-grau präsentieren sich der Spiegel und der Vogel auf der Tapete. Nana hält in der Linken einen Lippenstift, und sie mustert den Maler-Betrachter – ähnlich wie früher Victorine Meurent, aber ohne merkliche Frivolität. Vielmehr setzte Manet mit *Nana* die Reihe der schönen Pariserinnen fort, die er um 1876/77 mit dem Gemälde *Vor dem Spiegel* (New York, Guggenheim Mu-

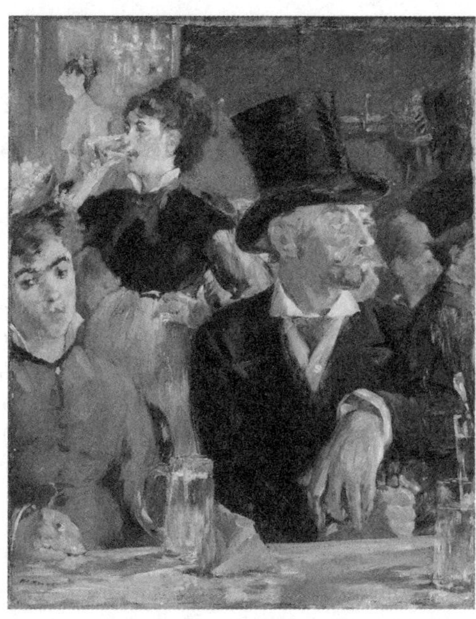

33 Edouard Manet, ***Konzert-Café***, 1878, Öl/Lw., 47 x 39 cm, Baltimore, The Walters Art Gallery

seum; Manet Katalog 2011, S. 16) begonnen hatte und die er vor allem mit übersüßten Porträts in fünfzehn Pastellen und zehn Gemälden um 1880 komplettieren wird (Manet Katalog 2011, S. 85–93).

Seit dem Ende der 1860er und vor allem in den 1870er Jahren entstanden mehrere Zeichnungen und Gemälde mit Szenen in Cafés oder Restaurants. Manet selbst frequentierte bis in die Mitte der 1870er Jahre mit Freunden, Kollegen und Kritikern das legendäre Café Guerbois unweit seines Ateliers im Quartier Batignolles. Danach gab er dem Café de la Nouvelle Athènes an der Place Pigalle den Vorzug. Die Zeichnung *Im Café* (Abb. 32) zeigt eine Ecke im Café Guerbois mit fünf Männern, die an einem Tisch sitzen, und drei stehenden Männern, unter denen der Kellner offensichtlich belustigt dem Gespräch am Tisch zuhört. Manet zeichnete mehrfach solche belanglosen Szenen in Cafés mit anonymen Gästen. 1878/79 malte er auch zwei Bilder mit

Gästen und einer Kellnerin in der Brasserie Reichshoffen am Boulevard Rochechouart. Das kleinere der beiden Gemälde, mit dem Titel *Konzert-Café* (Abb. 33), zeigt hinter dem Tisch ein ungleiches Paar, einen älteren Mann mit Zylinder und eine junge Frau mit Hut, die eine Zigarette in der Hand hält und den Blick nach links unten wendet. Dahinter steht eine Kellnerin, die ein Bier trinkt, rechts sind die Köpfe eines weiteren Paares zu erkennen, beide angeschnitten. Wohin der Mann im Zylinder blickt, ist im Spiegel hinter der Kellnerin zu sehen, der die Halbfigur einer Sängerin und einen Leuchter wiedergibt. Das größere Gemälde, von dem Tabarant den Titel *Café-Concert de Reichshoffen* überliefert, zerschnitt Manet vor der Fertigstellung in zwei ungleiche Teile und vergrößerte die Leinwand des rechten Teils um einen breiten Streifen (Tabarant 1947, S. 328, Manet Katalog 2005). Manet gab in den Cafészenen die Besucher und Zuhörer meist in größter Enge wieder, wobei er aber jeden Hinweis auf einen Kontakt unter ihnen vermied.

Bemerkenswert ist eine Aquarellstudie (Abb. 34) von Beinen unter einem Kaffeehaustisch, die um 1880 datiert wird. Manet zeigt hier ein Paar elegante Stiefel in Schwarz und Blau, ein Stück Bein und den etwas hochgerafften roten Rock der Frau. Der Hintergrund ist rasch und flüchtig in Gelb-Grün ausgeführt (Manet Katalog 2011, Nr. 187).

1881/82 entstand Manets letztes Hauptwerk, das Gemälde *Eine Bar in den Folies-Bergère* (Taf. 11). Das Variété, das drei Jahre nach seiner Eröffnung 1872 die Bezeichnung «Folies-Bergère» erhielt, wurde in den 1870er Jahren zu einem großen Anziehungspunkt für Pariser, die Unterhaltung und Vergnügen suchten. Es scheint aber, dass der Prostituiertenservice erst in den 1880er Jahren mehr oder weniger sichtbar etabliert wurde. Jeden Abend um 8 Uhr gab es ein Spektakel, eine Ballettvorführung, eine Operette oder Auftritte von Trapezkünstlern und Pantomimen. Der Schriftsteller Joris-Karl Huysmans (1848–1907) hat 1880 die literarische Skizze «Les Folies-Bergère im Jahr 1879» in seinen *Croquis parisiens (Pariser Skizzen)* veröffentlicht. Er beschrieb die Menge, den Lärm, die Gerüche, die Musik, die Gasleuchter und das elektrische Licht für die Bühne,

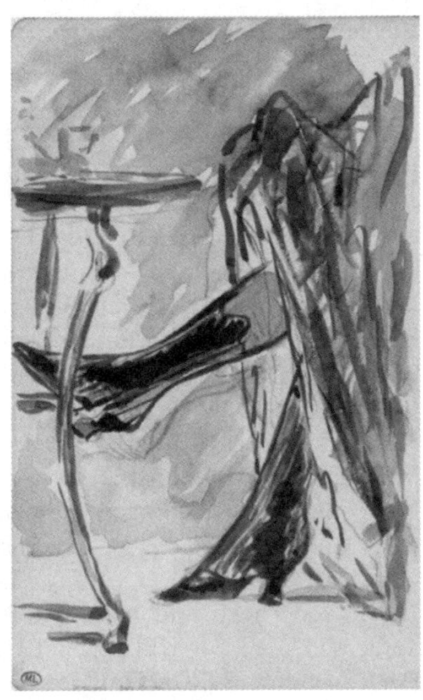

34 Edouard Manet, ***Im Café***, Beinstudie, um 1880, Aquarell, 18 x 12 cm, Paris, Musée d'Orsay

die männlichen und weiblichen Trapezkünstler, den Applaus des Publikums und das Knallen von Champagnerkorken, dann die Ballettvorstellung und die Pantomime und den Walzer (Huysmans 1905, S. 8–29).

Manet hat die Marmortheke der Bar in seinem Atelier rekonstruieren lassen, eine echte Bardame aus den Folies-Bergère namens Suzon als Modell engagiert, das Stillleben auf der Theke arrangiert und die Situation in einem großen Spiegel reflektiert. Der Spiegel zieht sich in dem Gemälde hinter der Bardame über die ganze Bildbreite hin, von seinem unteren Rahmen ist ein Stück über den Händen von Suzon sichtbar. Im Spiegel ist neben der Verdoppelung des Stilllebens das Publikum über einer waagerecht durchgezogenen Brüstung erkennbar, außerdem in der linken oberen Ecke die Beine einer Trapezkünstlerin und weiter die mit Gas und Elektrizität betriebenen Lampen und Leuchter. Irritierend ist die gespiegelte Szene auf der rechten Seite: Die

Rückenansicht von Suzon ist eine verschobene Spiegelung, und von dem Gast mit Zylinder und Stock, der Suzons Spiegelbild anspricht, ist nur dieses Phantom gezeigt. Tabarant bemerkt, dies sei der Kritik als ein «unentzifferbares Rätsel» vorgekommen (Tabarant 1931, S. 412). Es ist ein Rätsel geblieben. Dem zu vermutenden Gespräch zwischen den beiden gespiegelten Figuren hat eine Karikatur von Georges Lafosse (1844–1880) über die Folies-Bergère vorgängig 1878 die Richtung gegeben, die allen klar war: Der Mann im Zylinder steht an der Bar, die Bardame fragt: «Was wünschen Sie zu nehmen, Monsieur?», und der Herr, am letzten Glied seines rechten Zeigefingers nagend, streckt die linke Hand nach ihr aus, starrt auf ihr großes Dekolleté und antwortet grinsend: «Ich getraue mich nicht, es Ihnen zu sagen!» (Manet Katalog 2004, S. 79 f.) Ein ähnliches Motiv findet sich auch schon auf dem *Plakat Folies Bergère* von Jules Chéret (1836–1932), das 1875 gedruckt wurde (Rubin 2010, S. 374).

Auf der Theke sind links und rechts Champagnerflaschen aufgereiht, dazu drei Flaschen Bass-Bier, kenntlich am roten Dreieck auf dem Etikett und bestimmt für die englischen Touristen, dann eine Flasche Crème de Menthe und zwei Flaschen Roséwein, von denen die ganz links Manets Signatur erhalten hat. Dazu kommen eine Glasschale mit Mandarinen und eine Vase mit zwei Blumen. Ein Teil des linken Stilllebens wird scheinbar wiederholt im Spiegelbild, aber die Spiegelung entspricht nicht den optischen Gesetzen.

Verschiedentlich wurden die Gemälde *Eine Bar in den Folies-Bergère* und *Die Mahlzeit* (Abb. 35) miteinander verglichen oder einander gegenübergestellt (Hofmann 1985, Manet Katalog 2004). Das erstmals 1869 im Salon präsentierte Werk hatte den einfachen Titel *Le Déjeuner*, woraus dann 1884 in der Retrospektive von Manets Werk ungerechtfertigterweise «Le Déjeuner dans l'Atelier» wurde und in der Übersetzung «Das Frühstück im Atelier». Sie ist doppelt falsch, weil der Schauplatz kein Atelier ist und die Mahlzeit kein Frühstück. Es handelt sich vielmehr um ein nicht weiter zu bestimmendes Intérieur. Bei der ersten Ausstellung dieses Werkes in Deutschland

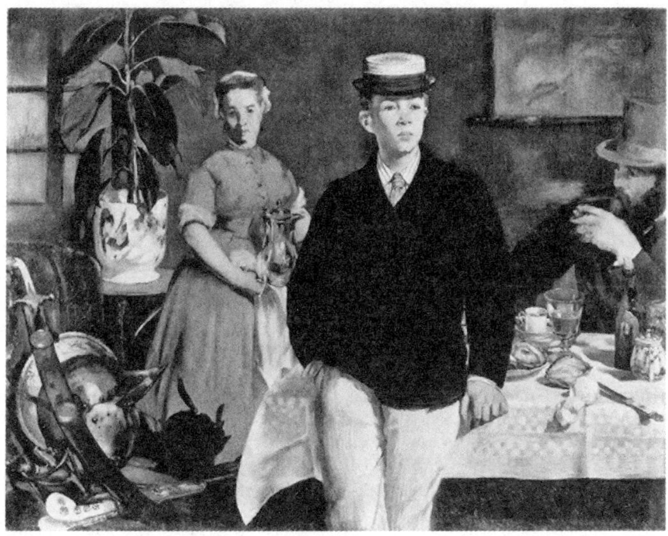

35 Edouard Manet, ***Die Mahlzeit***, 1868, Öl/Lw., 118 x 154 cm, München, Neue Pinakothek

1891 verzeichnete der Katalog der Münchner Jahresausstellung zur Nummer 923 den Titel *Nach dem Frühstück*; zudem wurde das Gemälde mit einem Stern als verkäuflich angezeigt.

John House zufolge sind *Die Mahlzeit* und *Eine Bar in den Folies-Bergère* «die wichtigsten Beispiele für das Kompositionsschema» der Bilder, die Manet für die Präsentation im Salon malte: im Verhältnis zum Bildformat große Figuren in einem niedrigen Raum, die nahe der Bildgrenze aus dem Bildraum blicken und manchmal direkt zum Publikum (Manet Katalog 2004, S. 61 f.). Für *Die Mahlzeit* stand der sechzehn oder siebzehn Jahre alte Léon Leenhoff Modell für die frontale Dreiviertelfigur des jungen Mannes, der sich mit seinem Gesäß ungehörig auf die Tischkante setzt und dem Mann mit Bart und Zylinder, der rechts hinter dem Tisch sitzt, den Rücken zuwendet. Links im Vordergrund hat Manet auf dem Fauteuil eines seiner wunderbaren Stillleben gemalt, bestehend aus einem Schwert, einem Krummsäbel und einem eisernen Helm. Zwischen dem Fauteuil und der herabhängenden Tischdecke putzt sich eine schwarze Katze. Dahinter steht im grauen Kleid die Bonne, hält eine silberne Kaffeekanne und eine Serviette. Sie schaut ebenso unbestimmt aus dem Bild wie der Jüngling, aber offensichtlich in eine andere Richtung. Links von ihr ist auf einem Ständer ein großer Topf aus bemaltem Porzellan mit einem großen Gummibaum platziert. Seine grünen Blätter ragen in ein Fenster hinein, dessen Scheiben in lichtlosem Grau gehalten sind. Zu dem Stillleben links bieten Weinglas, Austern, Tasse, Weinflasche, Topf, geschälte Zitrone und Messer auf dem Tisch das Gegenstück. Das eine Stillleben zitiert Theaterrequisiten, das andere Elemente von holländischen und französischen Stillleben des 17. und 18. Jahrhunderts.

Manet gibt nicht das geringste Indiz für eine Verbindung oder Beziehung unter den dargestellten Personen und den Dingen in den Stillleben. Es ist lediglich klar, dass die Mahlzeit beendet ist und der Kaffee serviert werden soll. Das Gemälde ist sorgfältig arrangiert, aber der sitzende Raucher, der vom Bildrand abgeschnitten wird, ist geeignet, die Assoziation einer Momentaufnahme anzustoßen. Die Bewegungslosigkeit aller Personen, die wie Bestandteile einer *nature morte* – eines Stilllebens – dargestellt sind, könnte einen solchen Befund bestätigen. Die Frage ist allerdings, ob in dem Bild eine fotografische Momentaufnahme konstruiert wird, um die Gegensätze Dauer und Augenblick miteinander zu konfrontieren. Die Komposition ist so arrangiert, dass die Zusammenstellung den Charakter des Zufälligen und Augenblicklichen erhält. Das Signum des Zufälligen ist die Fragmentierung der Personen und Gegenstände, das des Augenblicklichen die brennende Zigarre wie bei Degas' *Place de la Concorde*. Dabei ist aber fraglich, ob wir die Stillleben auf beiden Seiten als Kontrast zum Zufälligen und Augenblicklichen auffassen sollen.

In dem Gemälde *Eine Bar in den Folies-Bergère* trägt die Bardame unverkennbar den Ausdruck der Melancholie. Ihr Blick unter den schweren Augenlidern trifft nicht den Kunden, sondern geht nach unten. Sie breitet die Arme zu Seiten des Körpers leicht aus und stützt ihre Hände auf die Marmorplatte. Der Ausbreitung der Arme entspricht die dreieckige Öffnung ihres hellen Dekolletés und ihres dunklen Jacketts. Rechts vor ihr steht auf dem Tresen ein Glas mit zwei Blüten – vielleicht eine Pfingstrose und eine Kamelie. Es ist eines jener Blumenstillleben, die Manet in seinen beiden letzten Lebensjahren mit besonderer Liebe und Eleganz malte. Die Blumenvase mit den zwei Blüten, die einen Kontrast zum dunklen Jackett bilden, ist das einzige Objekt auf dem Tresen, das nicht zum Konsum angeboten wird.

Alles, was hinter der Bardame zu sehen ist, mit Ausnahme des roten Wandstreifens und des Rahmens unter ihrer rechten Hand, ist Spiegelbild. Es gibt jedoch viele Hinweise, dass dieses Spiegelbild nicht korrekt funktionieren soll: Ein Teil des linken Flaschenstilllebens auf dem Tresen wird verändert wiederholt, und es ist an den hinteren Rand der gespiegelten weißen Fläche geschoben. Außerdem ist die Spiegelung der Bardame und des Gastes auf der rechten Seite offensichtlich nicht mit dem Standort des Malers, der dem Betrachter überlassen wird, vereinbar. Der Spiegel deckt rechts das Gespräch eines Herrn mit derselben Bardame auf, die sich im Bild dem fehlenden Gegenüber melancholisch präsentiert. Manet eröffnete hier noch einmal die Konfrontation von Bild (oder Abbild) und Spiegelbild, die er in Varianten schon in verschiedenen früheren Gemälden erkundet hatte. Die gewählten Unstimmigkeiten oder Inkonsistenzen haben zu zahlreichen Hypothesen angeregt, die sich meist in Richtung einer angenommenen Polyperspektivität bewegten. Thierry de Duve machte den Vorschlag, statt «mehreren Blickpunkten» die «Verdoppelung der Ereigniszeit» anzunehmen, was er unter anderem mit der Arbeitsweise des Malers, der ersten Ölskizze und mit dem Röntgenbild begründete (Duve 2000). Dem Bild im Spiegel wies er die Aufgabe zu, die Beziehung zwischen dem männlichen Gast und der Bardame sowohl vulgär zu präzisieren wie auch zugleich im Unbestimmten zu halten, ähnlich der unbestimmbaren Beziehung des Modells zum abwesenden Betrachter. Es handelt sich bei Manets Gemälde um die wahrscheinlich komplexeste Reflexion eines Ma-

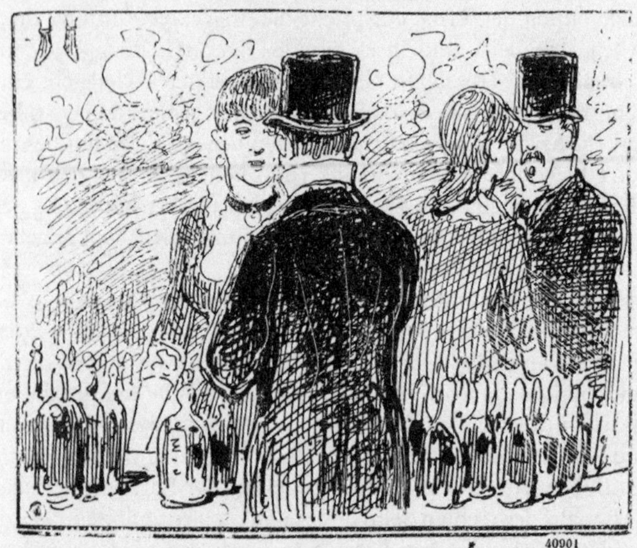

36 Stop, ***Eine Verkäuferin von Trost***, Karikatur auf *Eine Bar in den Folies-Bergère*, in: *Le Journal amusant*, 27. Mai 1882

lers über bildliche Repräsentation, Mann-Frau-Beziehungen und die Verlorenheit in einem Vergnügungsetablissement.

Im Salon von 1881 war Manet als erste Auszeichnung eine Medaille 2. Klasse zuerkannt worden, die mit der Berechtigung verbunden war, im Salon künftig ohne Jurierung ausstellen zu können. Duret beschreibt auf mehreren Seiten, welche Bedeutung Manet dieser «ganz nichtssagenden Belohnung» zumaß (Duret 1910, S. 188–202). Im Mai 1882 stellte Manet im Salon *Eine Bar in den Folies-Bergère* zusammen mit dem Bildnis der jungen Schauspielerin Jeanne Demarsy als «Frühling» aus. Der Karikaturist Stop (eigentlich Louis Morel-Retz, 1825–1899) erfasste sofort das Problem der *Bar in den Folies-Bergère* und

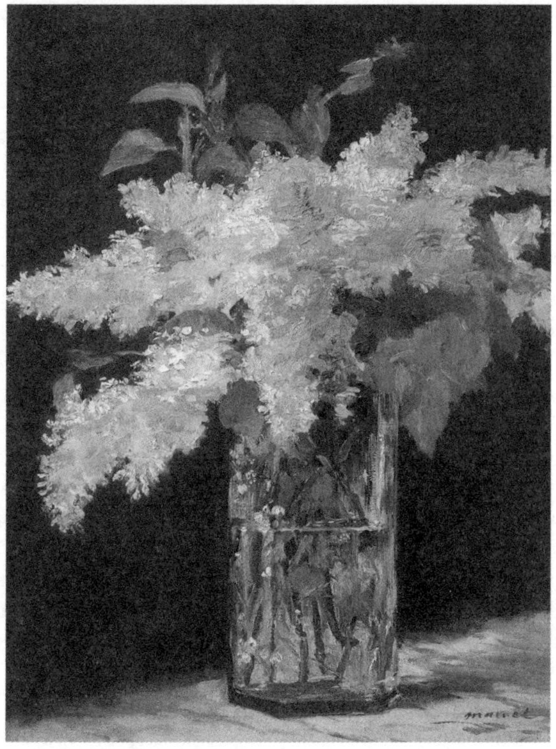

37 Edouard Manet, ***Der Fliederstrauß***, 1882, Öl/Lw., 54 x 42 cm, Berlin, Nationalgalerie

schlug in dem satirischen Blatt *Le Journal amusant* vom 27. Mai 1882 eine Ergänzung vor: Er fügte den abwesenden Besucher vor der Bardame ein, weil er sich zur Reparatur von Manets Versäumnis verpflichtet glaubte, wie er in der Legende witzelte (Abb. 36). Zudem hob Stop ein ungewöhnliches Detail in der linken oberen Ecke von Manets Gemälde hervor: die vom Bildrand abgeschnittenen Beine auf dem Trapez.

Zur Immobilität gezwungen, beschäftigte sich Manet trotz seiner fortschreitenden Syphilis-Erkrankung im Sommer 1882 mit dem Malen des Gartens, der zu dem von ihm gemieteten

Haus in Rueil gehörte (Manet Katalog 1983, Nr. 218, 219). Zudem entstanden in diesem Jahr weitere Stillleben, darunter wunderbare Blumenstillleben wie *Nelken und Klematis in einer Kristallvase* (Manet Katalog 1983, Nr. 221) oder *Der Fliederstrauß* (Abb. 37), wo die weißen Fliederzweige vor dem dunklen Grund ihr Blütenlicht versprühen.

Manet starb nach einer Beinamputation am 30. April 1883. Die Trauerrede am Grab in Passy wurde von Antonin Proust gehalten (Proust 1917, S. 114–117). Danach begannen die Witwe Suzanne, die Brüder Manets, Antonin Proust und Théodore Duret, eine große Retrospektive zu planen. Proust erwirkte dank seiner Verbindungen, dass der Ausstellungssaal der Ecole des Beaux-Arts zur Verfügung gestellt wurde, der kurz zuvor einer Retrospektive der Gemälde Courbets gedient hatte. Auf die Ausstellung im Jahr 1884 folgte die Versteigerung des Nachlasses im Hotel in der Rue Drouot, die den Betrag von 116 637 Francs einbrachte (Duret 1910, S. 210–220). Die Weltausstellung von 1889 in Paris wurde zum Triumph für Manet, denn Antonin Proust und Roger Marx zeigten vierzehn seiner Gemälde und präsentierten sie im Hauptsaal in herausragender Weise (Duret 1910, S. 222 f.).

Anhang

Zeittafel

Für die Nachweise siehe die Chronologie in: Manet Katalog 1983, S. 504–518.

1832	23. Januar: Edouard Manet wird in Paris geboren, der Vater Auguste Manet ist ein hoher Justizbeamter, die Mutter Eugénie-Désirée Fournier eine vermögende Diplomatentochter. 1833 kommt der Bruder Eugène zur Welt, 1835 der Bruder Gustave.
1838	Edouard kommt in die Internatsschule von Abbé Poiloup, Paris, Quartier Vaugirard.
1844–1848	Edouard besucht das Collège Rollin, das heutige Collège-Lycée Jacques-Decour im 9. Arrondissement von Paris. Er lernt den Mitschüler Antonin Proust kennen. Gemeinsame Besuche des Louvre.
1847	Thomas Couture stellt im Salon das riesige gesellschaftskritische Gemälde *Die Römer der Verfallszeit* aus.
1848	Februar-Revolution der Bürger und Arbeiter in Paris. Beseitigung der Juli-Monarchie und Ausrufung der Zweiten Republik. Edouard und Antonin werden Zeugen des Juni-Aufstands der Arbeiter und der Erschießung des Erzbischofs von Paris. Dezember: Louis Napoléon, der Neffe von Kaiser Napoléon I., gewinnt die Präsidentschaftswahlen. Im selben Monat schifft sich Edouard Manet auf dem Schulschiff *Havre et Gouadeloupe* ein, das nach Rio de Janeiro aufbricht.
1849	Juni: Nach der Rückkehr aus Rio de Janeiro lernt Edouard Manet die Holländerin Suzanne Leenhoff, die Klavierlehrerin seiner Brüder, kennen. Manet misslingt (vielleicht zum zweiten Mal) die Aufnahmeprüfung in die Ecole navale.
1850–1856	Manet wird Schüler im Atelier von Thomas Couture und Antonin Proust sein Mitschüler.

1851 Januar: Manet lässt sich als Schüler von Couture ins Register der Kopisten im Louvre eintragen und kopiert ein Gemälde, das Diego Velázquez zugeschrieben wird.
2. Dezember: Louis Napoléon löst einen Staatsstreich aus. Er lässt die Aufstände blutig niederschlagen und sich selbst in der neuen Verfassung mit monarchischen Vollmachten ausstatten.
4. Dezember: Manet und Proust besichtigen auf dem Friedhof Montmartre die aufgebahrten Opfer von Louis Napoléons Niederschlagung des Aufstandes in Paris.

1852 28. Januar: Suzanne Leenhoff gebiert ihren Sohn Léon-Edouard Koëlla, genannt Leenhoff.
Manet reist erstmals nach Holland und besucht das Rijksmuseum in Amsterdam.
Karl Marx veröffentlicht in den USA seine Analyse von Louis Napoléons Staatsstreich.
November 1852 – Mai 1853: Anselm Feuerbach aus Speyer ist Mitschüler Manets in Coutures Atelier.
2. Dezember: Louis Napoléon macht sich zum Kaiser von Frankreich und nennt sich Napoléon III.

1853 Vermutlich in diesem Jahr reist Manet zum Besuch der Museen in Kassel, Dresden, München, Prag und Wien.
Mit dem Bruder Eugène bereist er Italien. In Florenz studiert er Gemälde des 15. und 16. Jahrhunderts und kopiert Tizians *Venus von Urbino*.

1855 Napoléon III. lässt die erste Weltausstellung in Paris veranstalten. Im Palais des Beaux-Arts werden Ingres und Delacroix als die modernen französischen Meister gefeiert.
Eventuell schon 1854 besucht Manet mit Antonin Proust den Maler Eugène Delacroix und bittet um Erlaubnis, das Gemälde *Die Dantebarke* im Musée du Luxembourg kopieren zu dürfen.
Gustave Courbet errichtet gegenüber dem Palais des Beaux-Arts einen eigenen Pavillon und zeigt dort gegen Eintritt seine neuen Werke des Realismus.

1856 Februar: Manet verlässt das Atelier von Thomas Couture.

1857 November – Dezember: Manet reist mit dem Bildhauer Eugène Brunet nach Florenz und kopiert Fresken von Andrea del Sarto in SS. Annunziata.

1859 April: Manets Gemälde *Der Absinthtrinker* wird von der Jury des Salons, der offiziellen Kunstausstellung in Paris, gegen die Stimme von Delacroix zurückgewiesen.
Manet lernt den Dichter Charles Baudelaire kennen.

1861 Manets Doppelbildnis seiner Mutter und seines leidenden Vaters sowie das Gemälde *Der spanische Sänger* werden von der Jury des Salons akzeptiert.
Manet beginnt, in der privaten Galerie Martinet am Boulevard des Italiens Nr. 26 auszustellen.

1862 Gründung der *Société des acquafortistes* durch den Kunsthändler Alfred Cadart und andere, darunter auch Manet.
Eine erste Mappe mit acht Radierungen von Manet wird publiziert, die seine überwiegende Orientierung an Velázquez und Goya belegt.
Das Ballett des königlichen Theaters von Madrid gastiert im Sommer und Herbst in Paris; Manet zeichnet die Truppe und malt die Startänzerin Lola Melea.
25. September: Auguste Manet stirbt nach langem Leiden an der Syphilis.
Manet begegnet dem Berufsmodell Victorine Meurent und engagiert sie für verschiedene Bilder.

1863 März: Manet stellt vierzehn Gemälde in der Galerie Martinet aus.
Manets Einsendungen für den Salon werden zurückgewiesen. Alle in diesem Jahr abgelehnten Werke (mit Ausnahme eines antireligiösen Gemäldes von Courbet) können auf Anordnung von Napoléon III. in einem Seitensaal des Palais de l'Industrie gezeigt werden (daraus wird der Salon des Refusés). Manet zeigt drei Gemälde, darunter *Le Bain* (*Le Déjeuner sur l'herbe* bzw. *Das Picknick*), und drei Radierungen.
28. Oktober: Manet und Suzanne Leenhoff heiraten.

1864 Mai: Manet stellt im Salon die Gemälde *Episode eines Stierkampfs* und *Der tote Christus mit Engeln* aus.
Juni: Manet malt *Das Gefecht zwischen der Kearsarge und der Alabama* und stellt das Gemälde im Schaufenster von Cadart in der Rue Richelieu aus.

1865 Manet beteiligt sich an der Ausstellung der *Société nationale des Beaux-Arts* in der Galerie Martinet und stellt bei Cadart aus.

Mai: Manet zeigt im Salon *Olympia* und *Jesus wird von den Soldaten verspottet.*
August: Reise nach Spanien, Manet besucht Burgos, Valladolid, Toledo, Madrid und trifft dort den Journalisten und Schriftsteller Théodore Duret.

1866 Die Gemälde *Der Pfeifer* und *Der tragische Schauspieler* werden von der Jury des Salons zurückgewiesen.
Manet begegnet dem jungen Paul Cézanne; dessen Jugendfreund, der Schriftsteller Emile Zola, publiziert die erste Verteidigung von Manet.
Manet wird, wie schon 1865, mit Claude Monet verwechselt. Zacharie Astruc macht die beiden Maler miteinander bekannt.

1867 Januar: Zola publiziert seinen Essay *Une nouvelle manière en peinture: Edouard Manet.*
April – November: zweite Weltausstellung in Paris unter Napoléon III.
Mai: Manet eröffnet seine Einzelausstellung mit fünfzig Werken in einem Pavillon nächst dem Pont de l'Alma und publiziert ein Verzeichnis mit Vorwort. Die Kosten betragen 18 305 Francs. Courbet veranstaltet ebenfalls eine Einzelausstellung.
19. Juni: Maximilian von Österreich, Kaiser von Mexiko, wird in Quéretaro hingerichtet. Manet beginnt seine Serie der Darstellungen dieser Hinrichtung.

1868 Manet porträtiert Emile Zola und zeigt das Bildnis im Mai im Salon.
Henri Fantin-Latour macht Manet mit Berthe Morisot und ihrer Schwester bekannt.

1869 Januar – Februar: Manet wird darüber informiert, dass sein Gemälde *Die Erschießung Kaiser Maximilians* vom Salon ausgeschlossen und der Druck der Lithografie verboten werden.
Februar: Eva Gonzalès wird Manets Schülerin.
Mai: Manet stellt im Salon die Gemälde *Der Balkon* und *Die Mahlzeit* aus.

1870 Mai: Im Salon werden zwei Gemälde von Manet und das Gruppenbildnis *Ein Atelier in den Batignolles* von Fantin-Latour gezeigt.
19. Juli: Otto von Bismarck provoziert die Kriegserklä-

rung Napoléons III. gegen Preußen; Deutsch-Französischer Krieg 1870/71.
Manet schickt seine Familie in die Pyrenäen und bringt seine Gemälde in Sicherheit.
November – Dezember: Manet dient wie Edgar Degas in der Artillerie der Nationalgarde bei der Verteidigung von Paris.

1871 Februar: Manet reist zu seiner Familie in die Pyrenäen und kehrt erst Ende Mai oder Anfang Juni, nach dem Ende der Commune, nach Paris zurück. Er zeichnet die Erschießung von Kommunarden.

1872 Der Kunsthändler Paul Durand-Ruel kauft vierundzwanzig Gemälde von Manet und zeigt einige davon in verschiedenen Ausstellungen der *Society of French Artists* in London.
Mai: Manet zeigt im Salon *Das Gefecht zwischen der Kearsarge und der Alabama.*
Juni: Besuch des Frans Hals-Museums in Haarlem und des Rijksmuseums in Amsterdam, gemeinsam mit Suzannes Bruder Ferdinand Leenhoff.

1873 Mai: Manet stellt zwei Bilder im Salon aus.
September: Manet lernt den Dichter Stephane Mallarmé kennen.

1874 April: Die Jury des Salons akzeptiert zwei Gemälde Manets und lehnt gleichzeitig zwei andere Werke ab.
Mai: Eröffnung der ersten Ausstellung der *Société anonyme des artistes peintres, sculpteurs, graveurs* am Boulevard des Capucines, die als erste Ausstellung der Impressionisten bekannt wird. Manet nimmt an keiner der sieben zu seinen Lebzeiten, bis 1882, organisierten Ausstellungen der Impressionisten teil.
August: Manet macht Ferien in Gennevilliers. Er besucht Monet in Argenteuil, malt in dessen Garten und malt Monet mit dessen Frau im Atelier-Boot.
Dezember: Eugène Manet und Berthe Morisot heiraten.

1875 Januar: Zusammenarbeit mit Mallarmé bei der Illustration der französischen Übersetzung von Edgar Allan Poes Gedicht *Der Rabe*, publiziert im Mai.
Mai: Manet stellt *Argenteuil* im Salon aus.
Oktober: Reise nach Venedig mit Suzanne und dem Maler James Tissot.

1876 April: Die Jury des Salons weist die eingereichten Gemälde von Manet zurück, dieser stellt sie in seinem Atelier öffentlich zur Schau.

1877 April: Das Gemälde *Nana* wird von der Jury des Salons zurückgewiesen, dagegen wird *Faure in der Rolle des Hamlet* akzeptiert. Manet stellt *Nana* im Schaufenster eines Luxusladens am Boulevard des Capucines aus.

1878 Manet plant erneut eine Einzelausstellung während der Weltausstellung 1878, setzt den Plan aber nicht um.
Manets Gemälde erzielen in zwei Verkäufen nur geringe Preise.

1879 April: Manet legt dem Präfekten von Paris erfolglos das Projekt «Bauch von Paris» für die Dekoration des Sitzungssaales im neuen Rathaus vor.
Mai: Manet stellt zwei Gemälde im Salon aus.
September – Oktober: Kuraufenthalt in Bellevue (Meudon), Begegnung mit der Sängerin Emilie Ambre, die Manet porträtiert.
Dezember – Januar 1880: Emilie Ambre organisiert die Ausstellung des Gemäldes *Die Erschießung Kaiser Maximilians* in New York und Boston.

1880 Verschlechterung von Manets Gesundheitszustand.
April: Einzelausstellung in der Galerie La Vie Moderne von Georges Charpentier.
Mai: Manet stellt im Salon die Gemälde *Porträt Antonin Proust* und *Chez le Père Lathuille* aus.
Juli – Oktober: Manet mietet auf Anraten seines Arztes ein kleines Haus in Bellevue (Meudon).

1881 Mai: Manet stellt im Salon zwei Porträts aus.
Juni – Oktober: Manet verbringt den Sommer in Versailles.
14. November: Antonin Proust wird durch Léon Gambetta zum Minister der Schönen Künste ernannt.
Dezember: Manet wird «Chevalier de la Légion d'honneur» – «Ritter der Ehrenlegion».

1882 Erneute Verschlechterung des Gesundheitszustandes.
Mai: Manet stellt im Salon *Eine Bar in den Folies-Bergère* und ein Porträt aus.
Juli – Oktober: Manet verbringt den Sommer in Rueil (heute Rueil-Malmaison) und macht sein Testament zugunsten von Suzanne und Léon.

1883 April: Amputation des linken Beines.
30. April: Tod von Edouard Manet.
3. Mai: Beerdigung auf dem Friedhof von Passy.

1884 6.–28. Januar: Retrospektive der Werke Manets in der Ecole des Beaux-Arts in Paris.
4.–5. Februar: Ausstellung und Nachlassverkauf im Hôtel Drouot, Paris.

Literatur

Die Literatur über Edouard Manet ist außerordentlich umfangreich und vielfältig. In der folgenden kurzen Liste sind diejenigen Publikationen aufgeführt, die für die Erarbeitung der vorliegenden Monografie am nützlichsten waren. Umfangreichere allgemeine Bibliografien bieten Manet Katalog 1983 (S. 536–540) und Manet Katalog 2011 (S. 286–289).

Ahrens 2008

Ahrens, Beatrix, *Die Déjeuner-Malerei von Edouard Manet, Claude Monet und Pierre-Auguste Renoir. Untersuchung zur Darstellung von Mahlzeiten in der Zeit des französischen Impressionismus*, Hamburg 2008.

Bailly-Herzberg 1972

Bailly-Herzberg, Janine, *L'Eau-forte de peintre au dix-neuvième siècle: La société des aquafortistes 1862–1867*, Bd. 1: *Histoire de la société des aquafortistes et catalogue des eaux-fortes*, Bd. 2: *Dictionnaire de la société des aquafortistes*, Paris: Laget, 1972.

Bätschmann 1993

Bätschmann, Oskar, *Edouard Manet: Der Tod des Maximilian*, Frankfurt a. M.: Insel, 1993.

Bätschmann 1997

Bätschmann, Oskar, *Ausstellungskünstler. Kult und Karriere im modernen Kunstsystem*, Köln: DuMont, 1997.

Baudelaire 1977–1985

Baudelaire, Charles, *Sämtliche Werke/Briefe*, hrsg. von Friedhelm Kemp, Claude Pichois und Wolfgang Drost, 8 Bde., München/Wien: Hanser, 1977–1985.

Boime 1980

Boime, Albert, *Thomas Couture and the Eclectic Vision*, New Haven/London: Yale University Press, 1880.

Boime 1995

Boime, Albert, *Art and the French Commune. Imagining Paris after War and Revolution*, Princeton, N. J.: Princeton University Press, 1995.

Bourdieu 2013
Bourdieu, Pierre, *Manet. Une révolution symbolique. Cours au Collège de France (1998–2000)*, hrsg. von Pascale Casanova u. a., Paris: Raisons d'agir/Seuil, 2013.
Coffin Hanson 1979
Coffin Hanson, Anne, *Manet and the Modern Tradition*, New Haven/London: Yale University Press, 1979.
Collins (Hrsg.) 1996
Collins, Bradford R. (Hrsg.), *12 Views of Manet's «Bar»*, Princeton, N. J.: Princeton University Press, 1996.
Couture 1867
Couture, Thomas, *Méthode et entretiens d'atelier*, Paris: o. V., 1867.
Couture Katalog 1989
Thomas Couture (1815–1879). L'enrôlement des volontaires de 1792. Les artistes au service de la patrie en danger, Katalog der Ausstellung in Beauvais, Musée départemental de l'Oise, 1989.
Clark 1984
Clark, Timothy J., *The Painting of Modern Life. Paris in the Art of Manet and His Followers*, London: Thames & Hudson, 1984.
Delacroix 1988
Delacroix, Eugène, *Ecrits sur l'art*, hrsg. von François-Marie Deyrolle und Christophe Denissel, Paris: Séguier, 1988.
Duret 1906
Duret, Théodore, *Histoire de Edouard Manet et de son œuvre*, Paris: Charpentier et Flasquelle, 1906.
Duret 1910
Duret, Théodore, *Edouard Manet, sein Leben und seine Kunst*, Berlin: P. Cassirer, 1910.
Duve 2000
Duve, Thierry de, «Zum Aufbau von Manets *Eine Bar in den Folies-Bergère*», in: *Der zweite Blick. Bildgeschichte und Bildreflexion*, hrsg. von Hans Belting u. a., München: Fink, 2000, S. 67–102.
Ecker 1991
Ecker, Jürgen, *Anselm Feuerbach. Leben und Werk. Kritischer Katalog der Gemälde, Ölskizzen und Ölstudien*, München: Hirmer, 1991.
Fantin-Latour Katalog 1982
Fantin-Latour, Katalog der Ausstellung in Paris, Grand Palais, u. a., 1982/83, Paris: RMN, 1982.
Fehl 1992
Fehl, Philipp, *Decorum and Wit: The Poetry of Venetian Painting.*

Essays in the History of the Classical Tradition, Wien: Irsa, 1992.

Feuerbach 1911

Feuerbach, Anselm, *Ein Vermächtnis*, hrsg. von Henriette Feuerbach, Berlin: Meyer & Jessen, 1911.

Fried 1996

Fried, Michael, *Manet's Modernism or the Face of Painting in the 1860s*, Chicago/London: University of Chicago Press, 1996.

Friedrich 1992

Friedrich, Otto, *Olympia. Paris in the Age of Manet*, New York: HarperCollins, 1992.

Graber 1941

Graber, Hans, *Edouard Manet nach eigenen und fremden Zeugnissen*, Basel: Schwabe, 1941.

Hamilton 1986

Hamilton, George Heard, *Manet and His Critics* [1954], New Haven/London: Yale University Press, 1986.

Hofmann 1973

Hofmann, Werner, *Nana. Mythos und Wirklichkeit*, mit einem Beitrag von Joachim Heusinger von Waldegg, Köln: DuMont, 1973.

Hofmann 1985

Hofmann, Werner, *Edouard Manet: Das Frühstück im Atelier. Augenblicke des Nachdenkens*, Frankfurt a. M.: Fischer, 1985.

House 1998

House, John, «Manet and the De-Moralized Viewer», in: Tucker 1998, S. 75–89.

Huysmans 1905

Huysmans, Joris-Karl, *Croquis parisiens*, Paris: Stock, 1905.

Körner 1996

Körner, Hans, *Edouard Manet: Dandy, Flaneur, Maler*, München: Fink, 1996.

Leiris 1969

Leiris, Alain de, *The Drawings of Edouard Manet*, Berkeley/Los Angeles: University of California Press, 1969.

Locke 1991

Locke, Nancy, «New Documentary Information on Manet's Portrait of the Artist's Parents», in: *The Burlington Magazine*, 1991, S. 249–252.

Lüthy 2003

Lüthy, Michael, *Bild und Blick in Manets Malerei*, Berlin: Mann, 2003.

Mallarmé 1998
Mallarmé, Stéphane, *Ecrits sur l'art*, hrsg. von Michel Draguet, Paris: Flammarion, 1998.
Manet Katalog 1867
Catalogue des Tableaux de M. Edouard Manet, exposés Avenue de l'Alma en 1867, Paris: Poupart-Davyl, 1867.
Manet Katalog 1884
Exposition Manet. Catalogue, préface de Emile Zola, Paris: A. Quantin, 1884.
Manet Katalog 1983
Manet 1832–1883, Katalog der Ausstellung in Paris, Grand Palais, 1983, Paris: RMN, 1983.
Manet Katalog 1985/86
Jay McKean Fisher, *The Prints of Edouard Manet*, Katalog der Ausstellung in Washington, D. C., The International Exhibitions Foundation, 1985/86.
Manet Katalog 1986
The Hidden Face of Manet: An Investigation of the Artist's Working Processes, hrsg. von Juliet Wilson-Bareau, Katalog der Ausstellung in London, Courtauld Institute Galleries, 1986, London: Burlington Magazine, 1986.
Manet Katalog 1992
Edouard Manet. Augenblicke der Geschichte, hrsg. von Manfred Fath und Stefan Germer, Katalog der Ausstellung in Mannheim, Städtische Kunsthalle, 1992/93, München: Prestel, 1992.
Manet Katalog 1998
Manet, Monet: La gare Saint-Lazare, bearb. von Juliet Wilson-Bareau, Katalog der Ausstellung in Paris, Musée d'Orsay, u. a., 1998, Paris: RMN, 1998.
Manet Katalog 1999
Manet, Zola, Cézanne. Das Porträt des modernen Literaten, hrsg. von Katharina Schmidt, Katalog der Ausstellung in Basel, Kunstmuseum, 1999, Ostfildern-Ruit: Hatje, 1999.
Manet Katalog 2000
La Dame aux éventails. Nina de Callias, modèle de Manet, Katalog der Ausstellung in Paris, Musée d'Orsay, 2000, Paris: RMN, 2000.
Manet Katalog 2002
Manet Velázquez. La manière espagnole au XIXe siècle, hrsg. von Geneviève Lacambre und Gary Tinterow, Katalog der Ausstellung in Paris, Musée d'Orsay, u. a., 2002/03, Paris: RMN, 2002.

Manet Katalog 2003
Manet and the Sea, hrsg. von Juliet Wilson-Barreau und David Degener, Katalog der Ausstellung in Chicago, Art Institute, u. a., 2003/04, New Haven/London: Yale University Press, 2003.
Manet Katalog 2004
Edouard Manet, Le Déjeuner – Un Bar aux Folies-Bergère, Katalog der Ausstellung in London, Courtauld Institute of Art Gallery, u. a., 2004/05, München: Pinakothek-DuMont, 2004.
Manet Katalog 2005
Manet trifft Manet, hrsg. von Mariantonia Reinhard-Felice, Katalog der Ausstellung in Winterthur, Sammlung Oskar Reinhart am Römerholz, 2005, Basel: Schwabe, 2005.
Manet Katalog 2006
Manet and the Execution of Maximilian, hrsg. von John Elderfield, Katalog der Ausstellung in New York, Museum of Modern Art, 2006/07, New York: Museum of Modern Art, 2006.
Manet Katalog 2011
Manet, inventeur du Moderne, hrsg. von Stéphane Guégan, Katalog der Ausstellung in Paris, Musée d'Orsay, 2011, Paris: Musée d'Orsay/Gallimard, 2011.
Maurer 1992
Maurer, Emil, *Im Bann der Bilder. Essays zur italienischen und französischen Malerei des 15.–19. Jahrhunderts*, Zürich: NZZ Verlag, 1992.
Nieuwerkerke Katalog 2000
Le Comte de Nieuwerkerke. Art et pouvoir sous Napoléon III., Katalog der Ausstellung im Musée national du Château de Compiègne, 2000/01, Paris: RMN, 2000.
Poe 1981
Poe, Edgar Allan, *Der Rabe*, übers. von Hans Wollschläger, Frankfurt a. M.: Insel, 1981.
Proust 1913
Proust, Antonin, *Souvenirs*, hrsg. von A. Barthélemy, Paris: Renouard, 1913.
Proust 1917
Proust, Antonin, *Edouard Manet: Erinnerungen*, Berlin: B. Cassirer, 1917.
Rand 1987
Rand, Harry, *Manet's Contemplation at the Gare Saint-Lazare*, Berkeley u. a.: University of California Press, 1987.

Rubin 1994
Rubin, James H., *Manet's Silence and the Poetics of Bouquets*, London: Reaktion Books, 1994.

Rubin 2010
Rubin, James H., *Manet. Initial M, Hand and Eye*, Paris: Flammarion, 2010.

Sauerländer 2012
Sauerländer, Willibald, *Manet malt Monet. Ein Sommer in Argenteuil*, München: Beck, 2012.

Stierle 2006
Stierle, Karlheinz, «Das Imaginäre und sein Medium. Mallarmé, Manet und Poes *The Raven*», in: *Bilder, Räume, Betrachter. Festschrift für Wolfgang Kemp zum 60. Geburtstag*, hrsg. von Steffen Bogen u. a., Berlin: Reimer, 2006, S. 150–163.

Tabarant 1931
Tabarant, Adolphe, *Manet. Histoire catalographique*, Paris: Aubier, 1931.

Tabarant 1947
Tabarant, Adolphe, *Manet et ses œuvres,* Paris: Gallimard, 1947.

Tucker (Hrsg.) 1998
Tucker, Paul Hayes (Hrsg.), *Manet's Le Déjeuner sur l'herbe*, Cambridge: Cambridge University Press, 1998.

Zola 1867
Zola, Emile, *Edouard Manet. Etude biografique et critique,* Paris: E. Dentu, 1867.

Zola 1988
Zola, Emile, *Schriften zur Kunst. Die Salons von 1866–1896*, übers. von Uli Aumüller, Frankfurt a. M.: Athenäum, 1988.

Bildnachweis

Taf. 1, 2, Taf. 3, 3, Taf. 4, 4, Taf. 6, Taf. 7, Taf. 12, 12, 20, 27, 28, 31, 33, 34, 37: zit. n. J. H. Rubin, *Manet*, Paris: Flammarion, 2011; 1, 6, 9, 11, 14, 15, 17, 18, 19, 29, 30, 35, 36: Archiv des Autors; Taf. 2 (Laurent Lecat), Taf. 5 (Erich Lessing), Taf. 8 (André Held), Taf. 9 (Erich Lessing), Taf. 10 (De Agostini Picture Lib./G. Dagli Orti), Taf. 11, 16, 22, 23: © akg-images; 5, 8, 10: © The Trustees of the British Museum; 7: S. P. Avery Collection, Miriam and Ira D. Wallach Division of Art, Prints and Photographs, The New York Public Library, Astor, Lenox and Tilden Foundations; 13: © bpk/RMN – Grand Palais/Benoît Touchard/Mathieu Rabeau; 21: © Art Institute of Chicago, The Clarence Buckingham Collection; 24: © Bridgeman Art Library/Musée des Beaux-Arts, Tournai; 25: © Artothek/Blauel/Gnamm; 26: Washington, Library of Congress, Digital Collections/Rare Book and Special Collections Division; 32: Harvard Art Museums/Fogg Museum, Bequest of Meta and Paul J. Sachs, 1965.304. Foto: Imaging Department © President and Fellows of Harvard College

Personenregister

Register der Werke Manets